JN273140

理工系学生のための大学入門

アカデミック・リテラシーを学ぼう！

金田 徹・長谷川裕一 編著　Tohru Kanada & Hirokazu Hasegawa

ナカニシヤ出版

まえがき

　本書は，①2002 年度から関東学院大学工学部学生に配付しているガイドブック，②2001 年度から開講されている 1 年生春学期必修科目「フレッシャーズセミナ」で使用している自主テキスト，の 2 つを基にしている。

　「フレッシャーズセミナ」では，入学生を 10 人前後の少人数グループに分け，工学部の全教員が一つのグループを担当し，アドバイザー的な役割も果たそうとしている。扱う内容は，初年次教育的要素と，技術的なレポートを日本語でしっかりと書けるようにするためのリテラシー教育的要素を併せもっている。例えば，第 1 回目では全体指導やグループ写真撮影の後に，履修相談も含めたグループ指導が実施される。第 2 回目から第 5 回目では，社会生活や学生生活をおくる上でのルールやモラル，関東学院大学の成り立ちや現状，大学での学び，働くこと（キャリア）の意義を通して人生を考えるきっかけづくりなどの項目が扱われる。その後の第 6 回目から第 11 回目では，論文・レポートを書くための日本語の基礎と応用や実践的な内容を設定している。第 12 回目以降では，さらに具体的な論文やレポートのよい例とわるい例の比較を通じて，ある実験をしたと仮定した上で，実験レポートを書かせる課題を設定し，グループ内で提出された実験レポートを確認しあうということを実施している。また，秋学期に続く「フレッシャーズプロジェクト」では，数人のチームによる調査・研究活動を通じて，プロジェクトとして扱った課題をまとめ，多人数の前でのプレゼンテーションもおこなっている。

　本書の出版企画は，ある教育系の学会における数回のシンポジウムで，編集者の一人・金田が関東学院大学工学部の初年次教育の取り組みについてテキストも含めて紹介し，約 10 年間におよぶ実績を評価していただいたナカニシヤ出版の米谷龍幸氏が提案されたことに始まる。本書の内容設定については，関東学院大学に特化されるような部分は削除し，主として理工系分野の学生が対象となるようにした。もちろん，見方によれば，理工系以外の分野の学生にも参考になる内容も一部あると考えている。

　具体的な内容は，次のような 3 部構成となっている。
　　第 1 部　理工系学生のためのキャンパス・ライフ入門（3 章構成）
　　第 2 部　理工系学生のためのアカデミック・ライティング入門（6 章構成）
　　第 3 部　理工系学生のためのテクニカル・ライティングとプレゼンテーション入門（3 章構成）
　第 1 部は初年次教育的な内容とし，第 2 部および第 3 部を通して技術的内容

のレポート執筆（ライティング）を可能とする内容を設定した．授業で本書を教科書や参考書として使用される場合は，途中の回数において，授業時間内の作文課題によって，執筆練習や必要に応じて（学生どうしの）添削を繰り返しおこなうことで，学習効果がすこしでも高まることが期待できる．

　しかしながら，経験的にいえば，このような取り組みはある科目の中だけでおこなっても，高い効果は期待できないようである．したがって，カリキュラム全体として，本書がねらっている趣旨を活かし，全教員が同じ方向を向いて努力することが，よりいっそう必要となる．初年次教育的な内容であるからといって，1年生の時だけで終わるべきものではない．大学教員の責任として，一人ひとりの学生に対して卒業まで，教養教育と専門教育を根気強く実施していく際の一例として，本書を参考にしていただければ幸いである．

　また，本書のような内容を大学で教育するのは，本来の仕事ではない，と批判するのは簡単である．しかし，そのツケは，基礎能力が鍛えられていないまま就職活動をすることになる学生に回るだけではないだろうか．

　一方，本書を手にしている学生諸君にとって，本書の内容は小学校・中学校・高等学校で受けてきた教育の中にはないかもしれない．しかしながら，本書でいおうとしていることは，これまでに受けてきた教育の中で間接的に，あるいは日常生活における経験などから得られていることをまとめたものともいえる．その意味において，大学入学を機にしてフレッシュな気持ちをもっている今，ぜひ理解して実践し，身につけてほしい内容ばかりを厳選したのが，本書であるといっても過言ではない．

　本書の執筆・編集をしている時に発行された週刊東洋経済（2011年11月5日・第6258号）の特集「親と子で勝つ！就活」の中で，田中秀臣・上武大学教授は，大学1年生から基礎能力を鍛える，すなわち漢字や文章の書き方，言葉遣いを改善することで，就職活動における自身に対する評価は激変する，と述べている．したがって，本書は学生のみなさんそれぞれの人生のキャリアを積み重ねるためのきっかけになるのではないだろうか．

　ものづくり大国，技術立国であるべき将来の日本を担う，理工系学問を志した学生諸君が実り多き学生生活，さらには職業生活をおくることを祈りつつ．

2012年3月

編著者

目　次

　　まえがき　*i*

　　モデルシラバス　*vi*

Part I　理工系学生のためのキャンパス・ライフ入門

Chapter 01　自分づくり ─────────── 2
　　　　　　　　：一つの見方として
- 01-01　はじめに　*2*
- 01-02　これからめざすべき目標　*2*
- 01-03　人格の向上　*3*
- 01-04　技法の向上　*5*
- 01-05　就職活動：自分づくりの結果として　*7*

Chapter 02　大学における学び ─────────── 9
- 02-01　高校までとの違いと大学の醍醐味　*9*
- 02-02　大学での学び方　*10*
- 02-03　ノートの取り方　*16*

Chapter 03　学生生活における基本的なルール ─────────── 20
　　　　　　　　：モラル，エチケット，ネチケット，マナー
- 03-01　はじめに　*20*
- 03-02　基本ルールを身につけよう　*20*
- 03-03　組織として大学を捉えてみると……　*26*
- 03-04　用件を伝えるメール・手紙の書き方　*29*
- 03-05　ネットワークエチケット（ネチケット）　*35*

Part II　理工系学生のためのアカデミック・ライティング入門

Chapter 04　論述文とは何か ─────────── 42
　　　　　　　　：論文・レポートを書くために　基本編①

04-01　はじめに　42
04-02　「読み手はだれか」を考えよう　43
04-03　すこしの工夫で読みやすくなる　44
04-04　論文・レポートの文章　45

Chapter 05　表題・段落・引用・表記規則 ── 53
：論文・レポートを書くために　基本編②

05-01　前回のチェック　53
05-02　表題を意識しよう　55
05-03　段落を意識しよう　56
05-04　「引用」と「盗用」　58
05-05　表記規則　59

Chapter 06　段落の区切り方 ── 61
：論文・レポートを書くために　応用編①

06-01　前回のチェック　61
06-02　言いたいことや書きたいことを意識しよう　62
06-03　段落の構成・実際・使い方　67

Chapter 07　題名の付け方 ── 72
：論文・レポートを書くために　応用編②

07-01　前回のチェック　72
07-02　題名と主題・目標との関係　73
07-03　【解説】練習 7-1　78

Chapter 08　ある程度の長さの文章を書いてみる ── 84
：論文・レポートを書くために　実践編①

08-01　前回のチェック　84
08-02　書き終わったら　89

Chapter 09　自分の日常を文章化してみる ── 90
：論文・レポートを書くために　実践編②

09-01　前回のチェック　90

Part III 理工系学生のためのテクニカル・ライティングとプレゼンテーション入門

Chapter 10　専門的なレポート・論文の書き方 ——————98

 10-01　レポートとは　*98*
 10-02　学生が書くレポートの種類　*99*
 10-03　レポートを書く前に（その1）：用語説明　*100*
 10-04　レポートを書く前に（その2）：内容と体裁　*101*
 10-05　レポートを書く前に（その3）：資料収集と利用の作法　*102*
 10-06　レポートを書く前に（その4）：テーマと構成を決めよう　*107*
 10-07　レポートを書く前に（その5）：図（写真）・表・その他　*110*
 10-08　レポート本文の執筆　*111*

Chapter 11　図表の書き方 ——————119

 11-01　表の書き方　*119*
 11-02　図（とくにグラフ）の描き方　*120*

Chapter 12　プレゼンテーションの方法 ——————128
       ：PowerPoint® による

 12-01　はじめに：何事も実行から　*128*
 12-02　プレゼンテーションファイルの準備　*128*
 12-03　発表（練習）　*130*
 12-04　スライドの具体例　*131*

 引用・参考文献　*137*
 索　引　*141*

モデル・シラバス

本書の授業における利用の参考例（3部・合計12章の参照手順）

第 1 回目	学科（あるいは学部）全体指導と各教員担当の少人数グループミーティング
第 2 回目	自校史，自校の建物・施設・教室などの紹介，自校の周辺環境，履修上の相談，課外活動の相談
第 3 回目	第 1 部 Chapter 01，キャリアセンターなどが作成する資料も利用（履歴書，エントリーシートの記入では，第 2 部 Chapter 04，Chapter 05，Chapter 06，Chapter 07 が関係）
第 4 回目	第 1 部 Chapter 02
第 5 回目	第 1 部 Chapter 03，学内 PC の利用や自宅からのネットワーク利用（該当する資料を利用）
第 6 回目	第 2 部 Chapter 04
第 7 回目	第 2 部 Chapter 05
第 8 回目	第 2 部 Chapter 06
第 9 回目	第 2 部 Chapter 07
第 10 回目	第 2 部 Chapter 08
第 11 回目	第 2 部 Chapter 09
第 12 回目	第 3 部 Chapter 10（第 2 部 Chapter 04，Chapter 05，Chapter 06，Chapter 07）
第 13 回目	第 3 部 Chapter 11　実験レポートの良い例と悪い例の比較と宿題の提示
第 14 回目	第 3 部 Chapter 12 実験レポートの提出と時間内添削と宿題の提示
第 15 回目	実験レポート内容のプレゼンテーション練習 秋学期へと継続する科目があれば，その予告や夏期休暇中の課題の提示

Part I

理工系学生のための
キャンパス・ライフ入門

01 自分づくり
一つの見方として

01-01 はじめに

　大学へと入学し，この本を手にとられたみなさんは，きっと，今までの家庭生活や学校生活の中で，人生を平和で豊かに過ごすための基礎をいろいろなかたちで学んでこられたことでしょう。おそらくみなさんは，保育園や幼稚園では園児と呼ばれ，小学校では児童と呼ばれ，中学校・高等学校では生徒と呼ばれてきたはずです。しかし，大学に入り，これから社会人になるまでの間は，学生と呼ばれることになります。大学院，高等専門学校，そして短期大学に入学したみなさんも同じように学生と呼ばれます。ここで，立ち止まってその意味をじっくりと考えてほしいと思います。人生の多感な時期を，自ら学び，生活することによって，さらにこれからの人生の地盤を固めてゆく時期となったことに，みなさんはもうお気づきでしょうか。

　本章の内容は，これからのみなさんの自分づくりのためのアドバイスです。もちろん，自分づくりには本章で述べる以上に多種多様な考え方があります[1]。そのため本章の内容は，あくまでも，そのうちの一つと解釈してください。なお本章前半の執筆にあたっては綱島真著『明日を創る開発　人づくり，モノづくりの原点に還れ』(1998)[2]および『人材創出　人もモノも現場でつくられる』(1999)[3]を参考にしています。興味をもった読者はぜひ手に取ってください。

01-02 これからめざすべき目標

　さて，大学生となったみなさんが，社会人になるまでに，これからめざすべき目標として，主に次の二つを挙げることができます。

❶ 人格の向上

みなさんは学生になったのですから，これからの自分の考え方や行動について，正しい筋道で実践することが大切になります．このとき，正しい筋道で実践できているかどうかを判断する一つの基準として，いろいろな状況に応じて，多くの人を納得させることができ，他者から承認されるのであれば，人格が高まっていると考えることができるでしょう．

❷ 仕事の技法（テクニックとスキル）の向上

現代社会においては，あらゆる仕事を対象にして，その仕事に必要なテクニック（科学技術，事務的技術）とスキル（技能）を身につけることが大事です．本書を手にとられたみなさんの多くが所属している理工系学部に入学したからといって，科学技術分野に限ったテクニックだけでは，かたよってしまうかもしれません．仕事は他者との関係の中で生じます．また，これからみなさんが平和に，そして豊かに生きてゆくためには，（海外の方も含む）他者とのコミュニケーションもたいへん重要になるでしょう．それに必要なマナーや言葉を学んで実践することには，大きな意味があるはずです．

以降の節において，上記の二つの目標を目指すために必要な具体的な事柄について学んでいくことにしましょう．

01-03　人格の向上

みなさんは，"Rome was not built in a day."「ローマは一日にして成らず」という格言を耳にしたことがあるでしょうか．この言葉と同じように，人格も短期間でつくることができるものではありません．つまり，今後の長い人生の中で次第に成熟してゆくことによって，人格は形成されてゆきます．その際に，古今東西の先達が残している教えでは，まず，優れた「師」や良い「書」にめぐり合うことが大切だとされています．逆にいえば，「師」や「書」をみきわめることも大切ですが，やはりそのためにはさまざまな経験を積むしかないでしょう．「師」や「書」を積極的に探す過程の中で，自分自身の成長が早められることもあると思います．もちろん，みなさんがであう「師」も成長中・修行中の人間であるので，未熟な部分はあるかもしれません．そして，みなさんが教えを受け，学びあう中で互いに研鑽しあうこともあるのではないでしょうか．

また，数千年にわたって通用している「書」の代表的ないくつかとして，聖書，仏典，論語，故事，諺，人生訓，格言などがあげられます．散逸することなく長い歴史の試練に耐え，人類の経験が結晶したその内容には，当を得たものが多く込められています．またそれらの古典に加えて，なにか失敗をしたときの反省から生まれた教訓などの中にも，学ぶべき本質

があるでしょう。

　さらに，一般的には，真理を探究すれば人格が高まる，ともいわれています。ここでいう真理とは，時間・空間を超えて存在する厳密な意味での真実を指しています。それを探求する過程における努力が，いずれ各人の人格として実を結ぶはずです。

　みなさんが志した工学や科学技術は，自然（現象）の一部です。生涯にわたって，学び続けることのできる対象であるともいえるでしょう。本来，自然は，人間を支配できるものであって，また，人間がしたがうべきものでもあります。その自然を人間の力で変えようとすると，必ずその反動があるといっても過言ではありません。失うものが，必ずあるのです。深刻な環境破壊が，その一例といえます。

　このような自然の中で，社会や人々のためになるものづくりをしていくことや，将来的にはものづくりをする人を育てる，すなわち人づくりをしていくことが，みなさんのこれからの役割です。

　したがって，いま成すべきことは，ものづくりと人づくりのための自分づくりです。このことが，工学を志したみなさんの人格向上の第一歩となることでしょう。

❶ 仕事における人間関係（ものづくりと人づくり）

　現代社会では，一見，人や心というようなソフトウェア的なことよりも，ものやお金というようなハードウェア的なことが重要視される傾向が強いようにも思われます。しかし，その底に横たわる人間関係あるいは社会の真実を探求していくことは，きっとみなさんの役に立つはずです。

　なぜなら先にも述べましたが，仕事は，他者とのかかわりの中で生まれるものだからです。もちろん理工系学部に進学したみなさんは，ものづくりの仕事をすることが求められていますが，実際にその仕事の成否も往々にして人しだいで決まるものです。この意味において，自分をつくる人づくり（＝自分づくり）と他者を育てる人づくり（＝教育）が，たいへん重要になってきます。他者を育てる人づくりも，自分自身の役割ととらえることで，よりよい組織・社会・世界をつくっていくことができるのではないでしょうか。

❷ 師

　精神面で師と呼べる人，技術・技能的な面で師と呼べる人，そして技術・技能を通じて精神を鍛えてくれる師と呼べる人——体育系・文化系活動の監督・師範は，そのよい例でしょう——などに出会う機会はまだ少ないかもしれません。したがって，まずは身近な親，友人・知人，先輩・年配者，過去の偉人・賢人，場合によっては書物を仮の師として設定し，生涯にわたって学びあえる師——そのような師も，自身のことを常に修行・修業中の身と信じているものです——を探してみましょう。また，そのような優れた師を探す中で，みなさん自身の心を磨いていきましょう。

❸ 自分自身が師となるために

　家族という単位で考えると，みなさんを生み育てた親への感謝と恩返しとともに，自分の子へ親としてのしつけや教育をすることは基本です．親から離れ，自立して仕事をするようになれば，仕事を通じて組織，ひいては地域社会や日本あるいは世界に寄与できるようにもなります．この繰り返しの中にも，自分自身の成長があるはずです．

　みなさんがこれから人づくり（＝教育）をしていく中において，自分自身に求められることとして，

> ①自身も人格を高め続けていること
> ②仕事上の知識，ノウハウやスキルを蓄積し続けていること
> ③他者に応じて，わかりやすく教える能力をみがき続けていること
> ④他者の成長を確認し続けていること
> ⑤お互いから学びあっていること

などがあります．

　見返りや報酬を期待しないで他者を信頼する心があると，無理強いしなくても自然と信頼を得る素地はできるものです．また，第三者に対する目配り，気配りや恩返し，奉仕の精神を実践する行動は，大きな評価に値するものでしょう．

01-04　技法の向上

　みなさんがこれから学ばなければならない仕事の技法は，ごく短期間で身につくものから，中・長期にわたって訓練しなければならないものまでさまざまです．いずれにしても，生存競争が激しい現代社会において，時間を有効利用するための糧として，また自己啓発のためにも，いろいろなテクニックとスキルを身につけて欲しいと思います．

❶ 理工学・技術・技能を学ぶ上で

　みなさんがこれから学ぶ分野では，過去につくられた物事や起こった事象を再現したり，再実験したり「ものまね」をすることから知識やスキルを身につけていくことがたくさんあります．「学び」は「まねび」から変化した言葉であるともいわれています．他者の話を聞いたり，書物を読んだり，ウェブサイトを参照するだけでなく，自分の目と耳と手と足を使った体験を蓄積していくことは，みなさんの大きな力となるでしょう．また，いち早く，社会のためになりうるものや情報をつくりだしたいのであれば，他者が休んでいる時でも自分は

休まないという気持ちも大切です。

❷ 技術者（とくに研究開発者）としての姿勢

技術者のなかでも，とくに研究開発をめざす人間が備えておくべき資質として，

> ①科学・技術に関する問題に対して挑戦的に探求する心
> ②忍耐強く執念をもって解決まで行動できる力
> ③論理的かつ柔軟な考えができること
> ④科学・技術に対する高い感性
> ⑤世のため，人のためという奉仕の精神

があげられます。

学生時代にこのような資質を育めるよう，日常生活で心身を訓練することを課してみてはいかがでしょうか。

❸ PC に慣れよう

専攻分野を問わず現代人が活用すべき道具の一つに，PC（パーソナル・コンピュータ）があります。また PC と関連して慣れ親しむべきツールとして，よい意味でのインターネットの活用もあげられるでしょう。このようなツールを使う力はリテラシー（活用能力）と呼ばれます。

数十年前は，「読み・書き・そろばん」というリテラシーが，「知育・徳育・体育」教育の中で行われていましたが，現在では，前者は「読み・書き・PC」になりました。そろばんが PC におきかわったわけです。もちろん PC はそろばんのように単なる計算のためだけの道具ではありません。特殊なソフトウェアを利用すれば，PC が読んで書いてくれる例もありますが，これはさておき，自分自身の目で文章や図表を読んで理解し，また自らの手で文章や図表で表現する（書く）ことは，たいへん重要な能力です。その上で，さらに PC を活用して，それを電子的データとして表現する能力が，現代人には求められているのです。

もう少し具体的に言えば，いわゆるオフィスソフト

> ①文章や図を書くためのソフトウェア（一例として Microsoft Word）
> ②表の表現や表計算など，またその結果を図示するソフトウェア（同上 Excel）
> ③多人数の前にして発表する際に視覚的に有効となるソフトウェア（同上 PowerPoint）

などを活用できることが望ましいでしょう。③については，実際にそのような場における実践体験，すなわちプレゼンテーションの蓄積も重要な意味があります。

しかし，PCソフトウェアで清書されたレポートや論文があったとしても，その中身の日本語（場合によっては英語）について，誤字・脱字があり，段落がない，一つの文章が長すぎる，句読点が適切に挿入されていない，適切な文法で書かれていない等々，常識的な部分が遵守されていないと，PCを活用しているとはいえません。

したがって，PCを使う前に，自分が伝えたい・表現したいことを，常識的な規則を守りながら「書ける」ことが，まず重要です。また，その「書く」ことの前に，よいとされる多くの文章を「読む」ことが前提となり，そのような体験を多く積んで身につけてゆくことが大切になります。

また電子化された情報は簡単に入手できるために，「盗用」という行為に発展することも多く，注意が必要でしょう。とくに著作権法に違反しない活用を心がけなければなりません。盗用は，元情報が電子データの型式でなく，紙媒体の情報であっても起こりうる問題です。出典を明示して，引用を活用するくせをつけることが大切になります。

01-05 就職活動：自分づくりの結果として

履歴書・エントリーシートにおける表現

自立した生活を過ごすためには，収入を得るための職に就くこと（就職）が必要です。場合によっては，大学院に進学し，さらに技術者（研究開発者）となるための研鑽を積んだ後になるかもしれません。また最近では，一般的に学部4年生に進級する前（すなわち入学してから3年が経過するかしないかのうち）から，就職活動をせざるを得ない背景もあります。

その就職活動の第一歩は，求人情報の収集です。求人情報は，大学の担当部署や学科に届いたり，教員に直接届いたりすることがあります。あるいは，求人側が不特定多数にも周知できるように，インターネットで求人情報を公開する例も多くなっています。限られた期間内に，自身が希望する条件とある程度以上合致する内容を見つけて，訪問を重ねたり，受験したり，面接を受けたりということを繰り返すことになるでしょう。

その際に，自分自身がどういう人間かを相手に端的に知ってもらうための書類が，履歴書やエントリーシートです。限られた紙面（あるいは文字数）で，いかにして自分について表現するかということは，むずかしいかもしれません。しかし，自分自身を求人している側の立場になって考えてみれば気がつくと思いますが，こんな学生なら採用したいと期待させるような内容が書かれてあればいいのです。自分を商品にたとえて，この商品にはこんな特徴があり，他商品との違いは何である，といった情報が相手に正確かつ簡潔に読み取れるように，具体的な書き方ができるように努力してみましょう。相手に買いたいと思わせるアピールの効いた表現が大切です。

❶ 履歴書記入上の注意

履歴書用紙にはいくつかの種類がありますが，一般的にいえる留意事項は，次の通りです。

> ①手書きで丁寧に書く。
> ②用意されている欄には，すべて記入するとともに，記入欄に残る空白を少なくする。
> ③学歴欄などで，「同上」や「〃」のような記述はしない。
> ④学歴欄と職歴欄や賞罰欄と資格欄の間に空行を作らない。
> ⑤該当する内容がない場合は，「なし」と記述する。
> ⑥年の記載は，元号あるいは西暦のどちらかに統一する。
> ⑦志望動機，自己PR，勉学以外に取り組んだこと，などについて，誰でも記述しそうなありきたりな内容ではなく，具体的なことを挙げながら，印象に残るような記述をする。
> ⑧記述内容について，質問を誘発するようなまとめ方をするとよい。

いくつかのウェブサイト[4),5),6)]でも，たいへん参考になる書き方が紹介されています。

❷ エントリーシート記入上の注意

インターネットのウェブサイト[7),8),9)]に，具体的かつ詳細な内容が紹介されているので，それらを参照してみましょう。

エントリーシートには，多数の応募者に対して絞り込みをおこなうために，書類選考の意味があります。氏名・連絡先・出身学校のほか，主として志望動機や自己PRに関する論作文形式となっています。エントリーシートを書かせる側は，応募者の日本語文章力を短時間で把握しようとしているわけです。

本書では，文章力の向上をめざしていますが，エントリーシートの審査に合格して，次の段階に難なく進むためにも，しっかり学んでください。

02 大学における学び

 高校までとの違いと大学の醍醐味

❶ なぜ学生と呼ばれるのか？

　すでに第1章でも述べたように，みなさんは幼稚園では園児，小学校では児童，中学校や高等学校では生徒と呼ばれてきましたが，大学に入ると学生と呼ばれることになります。このことの意味を少し考えてみましょう。

【高校までの学習】
　高校までの教科学習では，一般的に正解が一つの事柄について，理解して覚えることが重要でした。あるいは基本を理解した上で，応用できる力を育んできました。

【大学における学習】
　大学における学習でももちろん，正解が一つであることについて，さらにくわしく学ぶこともあるかもしれませんが，それは本来の大学における学習内容ではありません。高学年になってゼミや研究室に所属し，ある課題について考えるようになると，過去から蓄積されている知識では解決が困難であったり，正しい答えが何かがわからなかったり，答えないかもしれない問題を深く考えることになるのです（そのための基礎学習を低学年でおこなうことにもなります）。このことこそが，大学で学問することの醍醐味となります。

【記憶力より思考力を磨く】
　その前段階として，自分自身が専門にしようとしている分野において，過去から蓄積されている知識，知恵や技能を自分のものにすることが大切です。その意味において，低学年におかれている種々の科目の必要性や意義があります。これらの科目では高校までの学習に必

要とされていた記憶力よりも，思考力を養うことに重点がおかれています。逆にいえば，このことこそが，いわゆる大学に求められている**教育機関**としての役割なのです。

　【思考力を総稼動させる場所としての大学】
　みなさんの学年が上がるにつれて，体験で得られる事柄も含めて，思考力を総稼働させて**社会的な問題**，**工学的・技術的課題**を調査・発見して解決を試みて，あるいは新しい**概念**や**方法の提案**や**技術開発**などについて，社会に提案していく。そういうことのできる場が大学だといえます——そして，これは，社会において**研究機関**としての大学が果たすべき機能でもあるのです。提案する方法を試行すると，どのような結果となるかを予測するには，上述した知識や知恵が必要です。無知なまま実施することほど危険なことはありません。日常生活をする中でも，目の前で起こっている現象や事柄について疑問をもち，その理由や根拠を考えてみることにも，価値があるのです。

❷学ぶ力は就職活動にも活かされる

　以上のような活動の手助けを行うのが教職員であり，みなさんは，そんな機関の構成員となったわけです。もしみなさんが大学を卒業さえできればよい，何かの資格さえ得られればよい，などといった姿勢であれば，大学生活は時間や費用の無駄使いとさえいえるでしょう。日々の授業を楽しくするのは，受動的ではない**積極的**な気持ちです。そうした気持ちで授業に臨めば，自ずと授業内容に対して疑問や質問が生じるはずなのです。訓練次第，気持ちの持ち方次第で身につく能力には，**着想力**，**思考力**，**論理力**，**表現力**，**協調力**，**忍耐力**などがあります。これらの力を自分のものにできれば，就職活動も難無く乗り越えられるのではないかと思います。

　視点を少し変えてみて，身近なできごと，新聞・雑誌の記事，友人・知人との会話，通学途中での漏れ聞こえてくる話し声などからも，その気になってみれば探求・追求のニーズ（必要性）やシーズ（種）が発見・発掘できるかもしれません。また，いろいろな活動において，**他者**（同輩，後輩，先輩，教職員）との交わりの中で，人間や価値観の多様性を認識することも，社会生活をする上では重要なことなのです。注意深い**観察力**とみなさんの中にある**潜在能力**が，きっとみなさんの大学生活を有意義なものに導いてくれることでしょう。

02-02　大学での学び方

❶何事も積極的・能動的に

【無意味なことが連続する日々を過ごさないために】
　他者から言われたとか指示されたからするという姿勢では，何をするにしてもその目的が

不明瞭なままではおもしろみを感じないでしょうし，継続しないものです。そのような状態が，授業週＋定期試験週の32週間も続くとなると，無意味なことが連続する日々を過ごしてしまいませんか？

【学費を割り算してみよう】

仮に1年間の学費を32週あるいは通学日数で割り算してみましょう。1週間あるいは1日あたりの学費が算出できるはずです。一度，毎日数万円も払っている保護者の身になって考えてみましょう。支払っているだけの対価が自分自身に還元されているか，という観点で1日を振り返るのもよいかもしれません。これも親孝行の一つでしょう。

❷授 業

大学での授業は一般的に90分を一つの単位として，1コマと称しています。授業の種類は参加型（実験・実習・演習・調査・プロジェクトなど）とそうではない型（講義など）に大きく分けることができます。最近は，講義でも参加型になるような工夫がされることも多くなってきました。

【講義（座学）】

基本的に，教員が一人で話しをする形式です。必要に応じて，学生の理解を確認する意味で，学生に質問をうながしたり，発表をさせたりすることがあります。受講者（履修者）は，授業の前日までに予習をし，当日の授業での話しを聞き，要点を押さえたノートを取り，自宅で復習をしていきます。この繰り返しは，決して楽なものではありませんが，この継続が力となるのです。

- **課題**　　次週までに，課題などが与えられることもあります（予習・復習の意味合い）。予習では，事前に必要な資料を収集したり，指定された本を読んだりすることなどが課されます。

- **単位認定（成績評価）の方法**　　何回かの小テストの結果，学期末テスト，学期中に課題として提出した各種レポートや小演習の結果などによって，履修者全員に公平かつ説明可能な根拠をもって判断されます。

- **私語厳禁**　　授業中の私語は，真剣に教員の話を聞きたい周辺の学生に対しての迷惑行為となります。できるだけ多くの学生に理解してもらおうとしている教員にとっても，熱意を削がれる行為であることを認識しましょう。

【演　習】

　授業中に問題が示され，それを所定の時間内に解いてゆくことを繰り返し，講義でできなかった理解の確認を行ったり，理解を深化させたりするためのものです。専門的な論文を少人数の学生で読みあったりすることもあります。発表担当を決めて，学生が調べてきたことを発表（プレゼンテーション）し，ディスカッションしあう場にもなります。

【参加型授業（実験・実習・調査やプロジェクト）】

　下記の授業形式では，授業中に自分自身の意見を聞かれたり，学生同士で討論をしたりすることも多くあります。いずれにせよ，下記の体験や活動をすることで，科学的あるいは工学的な手続きとは何かを，体得することが狙いとなっていることに注意してください。

- 実　習　　例えばPCの利用法や工作機械の操作法に代表されるように，目標として体得させようとする技術・技能や能力を，実際に訓練する内容となっています。

- 実　験　　実験は，高学年時の研究的要素の実験をおこなう前提として，研究方法論の修行の場ともいえます。先人達による代表的な実験を追試するような形式を取ることもあります。関連の授業（講義）で得た知識が，実証的に正しいかどうかを，自分の手作業によって検証する意味があり，理解を促進させることができます。

- 調査やプロジェクト　　一定のテーマを決め，それに関わる知識の量を増やしたり，その中から新たな問題の発見や解決策なども提案したりします。チームで活動することから，協調性を養う場でもあり，最終的にプレゼンテーションの場が設けられ，多くの聴衆の前で発表の訓練をおこなうこともあります。

　プレゼンテーションでは，手探りでもなんとか形式を整えてみましょう。自ら情報発信する訓練の場になりますから，まずは教員や他学生の真似をすることから始めましょう。次第に，よい部分，わるい部分が自分でも判断できるようになっていきます。教員や学生同士で指摘しあうとともに，学びあう姿勢が大切です。このような繰り返しによって，説得力のある説明や鮮やかな発表ができるようになり，就職活動にも必ずその成果が表れることでしょう。

❸履修登録

【自分で履修登録をしよう】

　大学では履修する授業について（必修や選択の違いはありますが），自分自身で検討して申告することが基本になります。履修する（取得した）単位数が多くても，少なくても，授業料は変わりません。

【授業に出席しよう】

　毎回の出欠を確認しない授業担当者もいますし，学生証を利用した出欠席管理システムが導入されていたりする大学もありますが，基本的には授業には出席することが大原則となります。義務教育課程ではないのに，わざわざ入学試験を受験して入学した背景と初志を改めて振り返ってみましょう。欠席するのは，無駄にお金を捨てているのと同じです。

【履修登録までの流れ】

　具体的に，履修する授業科目の登録は，一般的に次のような手順によります。場合によって，学年進級条件が設定されていたり，4年次の「卒業研究」などを履修するための修得単位数条件が設定されていたりすることが多いので，所定の年限で条件を満足できるような最大限の努力が必要です。

---

① 教務を扱う部署の教職員から，事務的な手続きの説明（会）がある。
② 所属する学科等の教職員から，学科固有の内容や卒業条件についての説明（会）がある。
③ 1週間の時間割モデルプランが配付されることもある。
④ 個別に，質問・疑問・不安なことなどを相談する場が設定される。
⑤ 授業概要（シラバス）を確認する（ウェブサイトでの確認となることが多い）。
⑥ 履修登録期限以前に，授業が開始され，履修しようとしている授業や履修候補となる授業に出席する。
⑦ 自分自身の時間割表に，履修を（仮）決めた科目を，曜日・時間帯ごとに埋めていくが，その際の留意点は次の通りである。
・自分自身の年次あるいはセメスターに配当されている必修科目を優先的に書く。
・必修科目の次に，選択必修科目（あるカテゴリーに属する多くの科目群から所定の単位数を修得するために，その科目群から選択する科目），選択科目の順に決めていく。
・選択必修科目，選択科目は，自分の興味や将来のことを考えてから決める。
⑧ 履修登録期限までによく検討し，最終的に決めた内容で履修登録する。

---

❹ 授業を聴いて整理する

【積極的に質問をしよう】

　上述のように，授業に出席して教員の話を聴くだけでは，知識は記憶に留まりにくいものです。また，初めて聴く内容であることも多いと思います。したがって，不明な点，理解できない点などがある場合，恥ずかしがらず積極的に声を出して，質問してみましょう。不明

なこと，理解できないことをそのままにしておくと，その後の内容も，その連続となる可能性があります．仮に，その時に質問できなかったとしても，授業終了時に質問したり，教員の居室を訪問したり，電子メールを利用したりするなど，その気になれば，手段はいくらでもあります．やはり，ここでも，「その気になる」ことが，とても大切です．

【教員に自分の意見を伝えよう】
　授業を担当する教員は，小学校・中学校・高等学校の教諭が身につけているような教育能力を開発しないまま，その職に就いています．そのため，最近はFD（Faculty Development：教授能力開発）というものが求められるようになりました．学生のみなさんが，自分の受けている授業に対して，どのような意見を持っているのかという情報は教員にとっても貴重な情報ですし，それを知ることはとても大切なことです．実際にみなさんから寄せられる意見によって，改めて気づかされることも多々ありますので，意見を伝える機会があれば，節度ある率直な意見を知らせてください．

【ノートを取ろう】
　授業の内容を記憶に留める手段として，ノートを取ることがあります（☞詳細については02-03を参照）．まずここでは，「ノートを取る」とは，教員の板書をそのまま写し取ることではないことをしっかりと理解しておきましょう．
　ノートは，ある科目専用として用意しましょう．あとからでも追加が簡単なルーズリーフ形式のノートを選ぶといいかもしれません．

【本や雑誌を読む】
　関連する知識を増やしたいなら，やはり関連する書籍や雑誌などの活字を読むことでしょう．さらに，資料・文献・ウェブサイトなどを探したりすることも大切です．これらの行動によって得られた内容を，文章・図・表などの目に見える形として，同じノートに残しておくとよいでしょう．もちろん，PCを活用した電子的な整理でもかまいません．それらの結果はみなさんの貴重なアーカイブ（情報の書庫）として残っていきますし，このような毎日を繰り返すことで，みなさんの知的能力は格段に向上するはずです．

【学びの深化は進路にもつながっている】
　以上のような経験や活動を繰り返して積んでゆくことで育成された能力が，最終学年で課されるプロジェクトや卒業研究で発揮されるはずなのです．進路を考える際には自分を見つめなおし，自分にあった仕事は何かを考えることが大切になります．次に，その進路を実現するためには何が必要になるのかということを考え，具体的な目標を定めることができた時には，教職員のサポートはもう不要となっていることでしょう．

❺成績評価

多くの大学で，100点満点換算で次のような5段階の成績評価が行われています。点数範囲に割り当てる記号には，各大学で若干の差があるので注意しましょう。

> ○ 90点〜100点：「秀」
> ○ 80点〜89点：「優」
> ○ 70点〜79点：「良」
> ○ 60点〜69点：「可」
> ○ 0点〜59点：「不可」

近年，GPA（Grade Point Average）という指標によって，修得した（不可となった科目も含めるので，「履修した」というほうが適切）単位の全体について，代表的な一つの数値で表すことが実施されています。これは，この数値を使用して順位付けをしたり，世界中の大学との成績評価の互換性を保ったりするためのものです。

【就職活動で評価される成績】

現在では，就職活動を開始する時期が早まっている傾向があります。とくに最近では3年次の冬休み前後から始まることも珍しくありません。つまり，就職活動でものをいう成績は，3年次の前半終了時点のものか，3年次終了時点のものになります。

【進路変更：転科・転コース・転部・編入・進学】

事情によって同じ学部内の他の学科やコースへ移る「転科・転コース試験」，他の学部にある学科へ移る「転部試験」，他大学の2年生や3年生に編入する「編入試験」，大学院（他大学も含め）入学のための試験などを受ける際などにも，やはり，よい成績を収めておくことに越したことはありません。

❻大学卒業者に期待される能力（学士力）

いままで述べてきたような学び方の基本ができていれば，就職活動や卒業までにはきっと自信をもって自分自身をアピールできるようになっていることでしょう。例えば，何事にも消極的であった自分が，ある面で積極的になり（もちろん性格までは変えられないかもしれませんが），自分自身の特徴が発揮できるようになっているはずです。

大学卒業者に求められる能力「学士力」を，それを受け入れる一般社会が求める力「社会人基礎力」との関係でまとめられた資料[1]によれば，表2-1のようになります。これらの多くは，訓練次第で，また気持ちの持ち方次第で身につけられるものだといえるでしょう。

自分自身を常に省みて，強みをより強く，また弱点を少なくしましょう。

表 2-1　学士力と社会人基礎力の関係

学士力	両者の関係	社会人基礎力（知性・常識を追加）
○多文化・異文化の知識と理解		○知性・常識
○人類文化，社会と自然の知識と理解		○主体性
○コミュニケーション・スキル		○働きかけ力
○数量的スキル		○実行力
○情報リテラシー		○課題発見力
○論理的思考力		○計画力
○問題解決力		○創造力
○自己管理力		○発信力
○チームワーク・リーダーシップ		○傾聴力
○倫理観		○柔軟性
○市民としての責任感		○状況把握力
○生涯学習力		○規律性
○知識・技能・態度の活用による課題の発見力と解決能力		○ストレスコントロール力

02-03　ノートの取り方

❶ノートを取る前に

　それでは，ノートの取り方について学んでいきましょう。まず授業に出席してノートを取る前に，知っておくべきことがあります。みなさんが最初に知っておくべきことは，授業には流れがあり，その流れをつかむことが大切だということです。

【授業の流れ】
　授業の回数ごとに設定されているテーマやトピックがありますが，これらは事前にシラバスを確認すれば大丈夫です。しかし，場合によっては，予習が必要となることもあります。注意して確認するようにしてください。

- **遅刻は欠席と同じ**　　その回の授業の流れは，最初に教員が説明することが多いと思います。授業途中から参加しても，流れがつかめなくなるという意味において，遅刻は欠席と同じと言っても過言ではありません。

●流れのつかみ方　授業の最初に,「今回は,○○についての話をしよう」という話があると,○○がテーマとなることがわかります。さらに,「最初に,……」「では次に,……」「それでは,……」のような言葉(接続詞)が利用されると,そのテーマに関したトピックに変わるタイミングであることが判断できるでしょう。

●キーワード(テーマやトピック)　キーワード,すなわちテーマやトピックを代表する簡単化された言葉の多くは,専門用語です。自分自身にとって初耳であることも多いと思います。意味のわからないキーワードは,授業中での質問や復習(教科書,参考書,インターネット等の利用)で確認するくせをつけたいものです。もし不明なままにしておくと,ネガティブスパイラル(一つのわからないことから,多くのわからないことの発生)に陥るきっかけとなりかねません。また,教科書や参考書の目次や索引などにも目を通すとよいでしょう。つまり,目次や索引には,キーワードが並んでいるのです。

❷ノートの役割と板書・スクリーン投影の意味

【ノートの役割】

授業中の教室で,手も動かさず聴講していると,その時は理解できたつもりでも,実はそうではない場合が多くなります。そのためノートを取ることで記録を残す習慣をつけることが,非常に大切なのです。

【黒板やホワイトボードへの板書,スクリーン投影の意味】

先ほども強調しましたが,「ノートを取ること」は,決して「板書の写し取り」ではありません。もちろん,大型スクリーンに短時間しか投影されない文字・図表や動画などは,ノートに写せるものではないのです。また教員が板書している内容や大型スクリーンに映している内容が,すべて大事な内容であるとは限らないことを認識しておきましょう。これらは,単に理解をさせるためのサポートという役割だけの場合もあります。

【教員の説明に耳を傾けよう】

大事ではないことを書き取ることに集中して,大事な話をしている教員の声に耳を傾けられないと,本末転倒になってしまいます。教員側は,言葉だけでは説明不足になるような場合,漢字が難しいような場合,図を書いた方がいいような場合,色を使いたい場合などに板書をすることも多いのです。

したがって,板書からだけでは,何が大切か,何を記録すべきかわからないので,まず教員の説明を聴いた上で,重要な内容をノートに記録することが必要になります。また,一般的に,教員として,重要な内容は複数回にわたって説明を繰り返したり,別の観点からの説明をしたりすることがあります。やはり,それに気づくためにも,まず教員の話を聴くこと

が先決です。

❸ノートの取り方

　さて，以上を踏まえた上で，重要な内容を記録する際のテクニックは次の通りです。

> ①科目ごとの専用ノートを用意する（追加が簡単という点ではルーズリーフ形式が望ましい）。
> ②授業年月日や授業回数を見開いた右側のページの先頭に書き，その下には概要を事前にシラバスから書き写しておく。
> ③きれいに書く必要はなく，後で読み返せる程度でよい。
> ④後で追記できるように，余白を十分に残して書く。
> ⑤授業時にはページの片面（例えば，見開いた右側ページのみ）にしか書かない。
> ⑥見開いた左側ページには，授業中に配付されたプリントなどを貼付することもできるように，また復習などの際に追記できるように，あえて空白にしておく。
> ⑦例えば，全ページの左端から5cmくらいのところに縦線を引き，その左にはテーマ・トピック・キーワードだけを書いて，見やすいレイアウトにするという工夫が大事である。これは一例であるが，後から読んでも記憶がよみがえりやすい自分なりの技を身につけておきたい（図2-1）。
> ⑧色を使う場合のルールを，自分なりに決めておくとよい。

❹配付されたプリントや資料の整理

　授業中に配布あるいは授業前後にウェブサイトからダウンロードされる関連資料は，教科書やノートに挟みこむだけでは，整理したことにはなりません。2穴パンチで穴をあけて専用ファイルに綴じ込んだり，ノートの余白部分に糊付けしたりするとよいでしょう。この時，すでにノートに書き込まれている部分が隠れないように，糊付けすることも大切ですし，必要に応じて，配布物の不要な余白を切り取ってもよいでしょう。

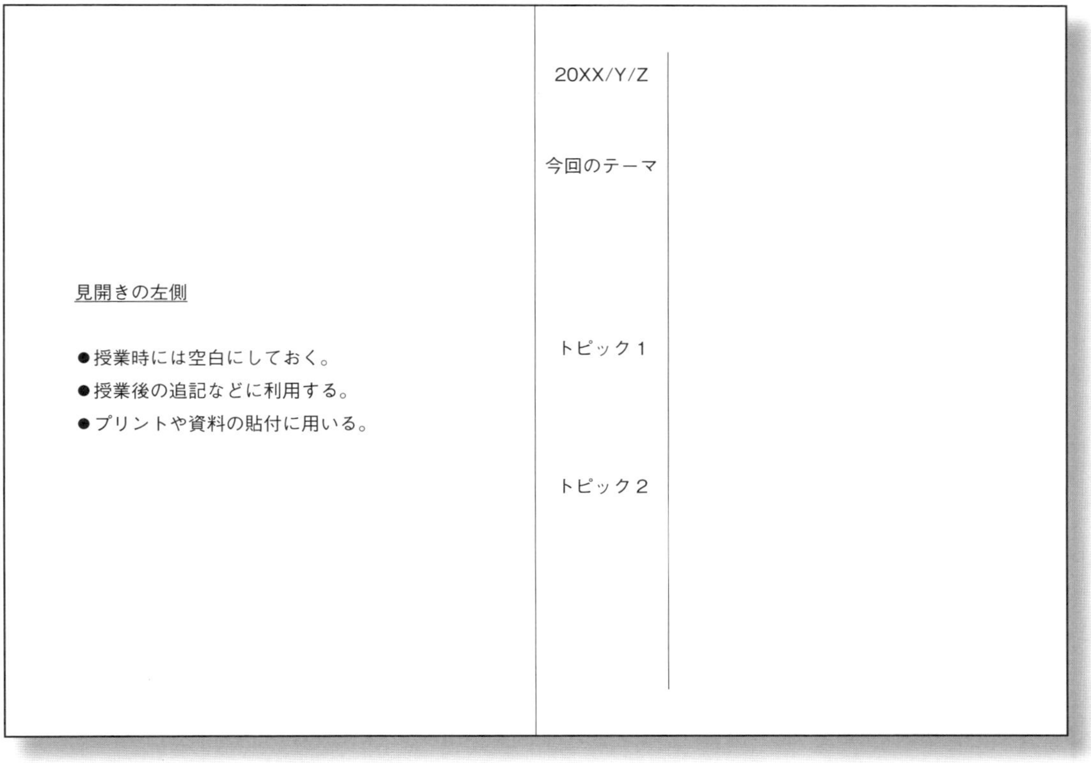

20XX/Y/Z

今回のテーマ

見開きの左側

●授業時には空白にしておく。
●授業後の追記などに利用する。
●プリントや資料の貼付に用いる。

トピック1

トピック2

図2-1　ノートのイメージ（ルーズリーフ形式が望ましい）

03 学生生活における基本的なルール
モラル，エチケット，ネチケット，マナー

03-01　はじめに

　多くの人々から構成されている社会には，いろいろな決まりごと（ルール）があります。さらに，ルールとして明文化されていなくても，人間としての道徳的観点から示される行動指針（モラル）や，他者の気分を害しないエチケット（コンピュータネットワーク上ではネチケットとも呼ばれます）も理解して実践できると，学生，教職員，取引業者，さらにこの大学の学生が欲しいという求人のために来訪されている方々（リクルーター）など，さまざまな人々が集まる大学という小さな社会（ネットワーク上）においても，お互いが気持ちよく毎日を過ごせるのではないでしょうか。

　また，TPO（Time, Place and Occasion：時，場所と場合）にあわせた行動も，大人へ仲間入りしようとしている大学生のみなさんにとって，たいへん重要なことです。本章では，さまざまな人々が集うキャンパスで，全員がさわやかに気持ちよくすごすための留意事項について述べていきます。

　まず，大学生活で関係するマナー（行儀作法・礼儀）からみていきましょう[1), 2)]。

03-02　基本ルールを身につけよう

❶建物内・教室内の基本ルール

【コミュニケーションのマナー】

- ●挨　拶　　挨拶はコミュニケーションの基本です。お互いの緊張をほぐし，互いにさわやかな気分になれます。

- ●教職員に用事がある場合　　まず，相手を混乱させないように所属学科と氏名をいってから用

件を伝えましょう。また，言葉遣いにも注意してください。

- **教室内では脱帽・脱サングラス**　日本では，建物の中で帽子をかぶっていても，それがエチケットとして許されるのは，ごく一部の人々だけでしょう。教室内はもちろん，建物内では風雨や日差しも避けられます。着帽の必要はありません。また教室内で，ファッションを競う必要もないのではないでしょうか。

【食事と宴席】

- **PC教室内の禁飲食**　PC教室内では多くの場合，禁飲食になっています。機械・装置は水気をきらいますし，キーボードなどに液体をこぼすと故障の原因にもなりますから，気をつけましょう。

- **食堂でのセルフサービス**　同じ席を利用しようとする別の人の立場になってみましょう。そこに食べ残しのトレイや食器が放置されていると，どんな気分がするでしょうか。食べ終わったら，セルフサービスでの片づけをこころがけてください。周りの人に配慮して，大声を出すのも慎みましょう。また，荷物による席の先取りも，あまり気分のよいものではありません。

- **宴　席**　宴席の趣旨は，新しい人間関係をつくることや人間関係を深めることです。積極的に周囲の人と話をしてみましょう。きっかけにする話題はなんでもよいのです。また，事前に出欠の返事をする必要がある場合は，宴席の世話をする幹事の立場になればわかるように，できるかぎり早く回答しましょう。

・**和室の場合**　和室での宴会については，座りやすい服装を心がけましょう。和室での立ち居振る舞いは控えめにしてみましょう。和室だけでなく，ドレスコードが指定されるような宴席もあるので，注意が必要です。また，履物を脱いだ後の作法にも気をつけましょう。

・**立食（ブッフェ）形式の場合**　立食形式の宴会では，自分の席は決まっていません。もし決まった座席がある場合，スピーチや余興が始まったら自席で聴くようにしましょう。また目下の人が，目上の人の席のそばへ行って話すのはよいことです。

　立食形式の宴席では，最初に食べるのはオードブルからです。食べられる量だけ自分の皿に取り，片手それぞれにグラスと皿を持たないようにしましょう。また，邪魔にならないよう料理がならんでいるテーブルから離れて食べましょう。箸をもったまま身振り手振りをしないように注意して，食事のスピードも周囲と合わせることを心がけてください。汚れた皿は，周囲の小テーブルに置くようにしましょう。

　アルコールが供された場合は，酔うほどに飲まないよう注意しましょう──もちろん，みなさ

んが20歳を越えてからのことです。また，飲みかけのグラスをあちこちに放置してはいけません。

疲れたからといって，床に座りこんだり，着席したりしないように気をつけましょう。退席が自由な場合もありますが，開会宣言から閉会宣言まではなるべく会場に残るようにします。

【ゴミの分別と迷惑行為】

- ゴミの分別　　飲食・喫煙（20歳をすぎてから）が可能な場所でも，吸殻，ビニール袋，空き缶等を放置しないで，分別してゴミ箱に入れましょう。ポイ捨てされたゴミをかたづけることにも，人手が必要になります。つまり，みなさんの貴重な学費が，余計なコストにかわってしまうのです。

- タバコについて　　現在，多くの大学において，すべての建物内が禁煙となっています。また学内では通常，分煙対策がとられていますので，歩きタバコはせずに所定の場所で喫煙しましょう。歩きタバコでは，タバコの先端が子どもの目の位置にあることを必ず思い出してください。通学時の歩きタバコについても，市条例などで禁止されている地区が多くあるので注意してください。またそれ以外の地区や場所でも，タバコを吸う場合は嫌煙権という言葉を思い出して，煙を吸いたくない人に十分に配慮しましょう。また吸殻のポイ捨ては，火事の危険性もあります。吸殻で焦げた廊下も見苦しいものです。

- 唾・痰・ガムなどを吐き捨てない　　唾・痰・ガム――誰も，他人の口から出たものは踏みたくないものです。自分が不快になることは，他者も不快になると考えましょう。

- 地面に座り込まない　　とくに団体で座り込んでいる場合，威圧的にも見えますし，なにより貧しくみすぼらしい印象を他者に与えかねません。体力ある若者なら少々我慢しましょう。

- 建物の廊下等では静粛に　　もし自分の授業や試験が早く終わった場合でも，他の教室では，まだ授業や試験がまだ終わっていないことが多いと思います。廊下を移動しながら，大声で話すことは，他の人への迷惑につながるので注意しましょう。

❷課外活動や私的生活の諸注意

【課外活動】

- アルバイトと学業　　アルバイトは，学業の余暇に必要に応じて行うものです。決してそれを第一に優先させてはいけません。深夜のアルバイトなどの影響で，翌日の授業に出席できないような学生はしだいに授業が理解できなくなり，習得単位数に影響がおよびます。実際，そのような事例が過去に多くあります。注意してください。

- 部活動，サークル活動など課外活動と学業　課外活動は，生涯の友を作る場でもあり，自己の可能性を探求し，自己を表現する場として，学生生活上大きな意味をもっています。参加を決意したら，やり通す意志をもちましょう。また課外活動は，正課としての学業が成り立っているからこそ意味があるものだという認識も忘れないでください。

【訪問販売や勧誘など】
- 勧誘商法，悪徳商法　これについては，安易な気持ちで返事をしてしまうと，それがトラブル発生の第1歩になるかもしれません。もし必要だと思っても，商品の内容，契約の内容など，納得できるまで説明を受けましょう。もし訪問があった場合は玄関のドアを開ける前に，相手の名前と訪問目的を必ず聞くようにしましょう。電話があっても，要らない物は「要らない」とはっきりと言うようにしてください。また契約前に，家族や友人などにも相談してみるのもよいと思います。なお契約しても，ある一定期間内なら契約を撤回・解除できます（クーリングオフ制度）。困ったことが起きたら，近くの消費生活総合センターや大学の学生生活部などに相談してください。

- 加入を強要する宗教団体　巧みに話しかけられて，加入を強要され，共同生活を強いられたり，都合のよいように洗脳されたりすることもあります。気をつけましょう。学業・家庭を放棄することにさえつながりかねません。宗教は自分の意志で信じるもので，強制加入されるような団体には，決して近寄ってはいけません。

【その他の諸注意】
- 各種ハラスメント　異性間や同性間で，とくに性的な嫌がらせを受けた場合には，すぐに管轄する事務部署（多くは，学生生活部）に相談してください。教員から受けたパワーハラスメント・アカデミックハラスメントについても同様です。

- バイク・自動車等による通学　交通事故はあなたが加害者になっても，被害者になっても，自分と相手の家族までをも不幸にしてしまいます。また，近隣の人たちとのトラブルの発生にもつながります。交通規則とスピードの出しすぎに注意して，十分な車間距離をとり，いつも安全な運転を心がけるようにしてください。

❸訪問（就職活動での会社訪問にも共通します）

【訪問にあたって】
- **訪 問 前**　教員研究室（居室）を訪問する場合，基本的に予約は不要ですが，授業時間以外に授業に関する質問などをする場合は，指定されたオフィスアワーに訪問するか，電子メールで連絡してみましょう。授業に関すること以外での用事の場合は，できるだけ予約をした方が確

実に訪問できます。

● **訪問の時間帯**　　早朝，夜間，食事時は訪問を避けましょう。また，予約なしで突然する訪問は，短時間で用事を済ませるようにしましょう。

● **入口で**　　予約した時間を厳守し，ドアをノックする前に，コート，帽子，手袋，マフラー，ショールなどははずして片手に持って入室してください。相手を混乱させないように，最初に姓名（必要であれば所属先も）を名乗りましょう。

【訪問中のマナー】
● 会釈について　　足を揃え，上体を15度程度傾けるのが基本形です。敬礼，最敬礼にしたがって，傾ける角度がふえていきます。立って足を揃え，（男性なら）手は太股の横，（女性なら）体の前に軽く重ねます。握手を求められたら，相手の目を見て握手しましょう。

● **名刺について**　　両手を添えて自分の名刺を差し出します。相手の名刺を折り曲げたり，もてあそんだりしてはいけません。いただいた名刺には，面会した日付や，きっかけ，紹介者などを，忘れないうちに書き込んでおくと，思い出しやすいでしょう。名刺情報を電子的なデータにして整理すると，検索もしやすくなります。

● **座り方**　　椅子には背筋を伸ばして浅くかけましょう。茶菓などが供されれば，遠慮しないでいただきましょう。

● **辞去のタイミング**　　一般的に話の切れ目が，辞去のタイミングです。

● **訪 問 後**　　訪問の礼は，当日か翌日までに，電話・電子メール・手紙・葉書などで伝えましょう。

❹ 会　話

● TPO（時，場所，場合）を大切に　　時と場所と場合に応じた内容を，相手の年齢，性別，立場，自分との関係をわきまえて会話すると好印象を与えます。

● **依頼**（例えば，各種相談，各種推薦書執筆など）　　依頼の際は手順を追って，事情説明をしましょう。依頼を引き受けていただけたら，まず感謝の気持ちを伝えます。もし断られた場合でも，相手を恨まないようにしてください。また，その後の経過や結果の報告は，こまめにおこなう必要があります。

03 学生生活における基本的なルール:モラル,エチケット,ネチケット,マナー

● **敬　語**　就職活動前の付け焼刃では身につきません[3),4)]。使いこなすためには,日常的に意識しながらの訓練と実践が必要です。なお,敬語には,一般的に次の3つの区別があります。また,表3-1に敬語の例を示しておきます。

○ 尊敬語:相手に敬意を表す場合に使用する。
○ 謙譲語:自分をへりくだる場合に使用する。
○ 丁寧語:言葉をより丁寧にする場合に使用する。

表 3-1　敬語の例

尊敬語(相手をうやまう表現)	
動　詞	
●食べる・飲む	→ あがる
●行く・来る・居る	→ いらっしゃる
●言　う	→ おっしゃる
●くれる	→ くださる
●す　る	→ なさる
●来　る	→ みえる
●お帰りあそばす,ご覧あそばす,お書きくださる,ご執筆くださる,お書きになる,ご執筆なさる,おでかけになる,ご出発になる	
助動詞	
●会われる,書かれる,話される,受けられる,来られる	
接頭語	
●お家,お顔,お名前,お美しい,お若い,お早い,おみ足,おん大将,ご教示,ご住所,ご立派,ごゆっくり,み心,み姿,お客さま,お医者さん,貴社,尊父,芳名,令嬢,令息	

謙譲語(自分をへりくだる表現)	
●行　く	→ あがる,参る
●や　る	→ あげる,さしあげる
●す　る	→ いたす
●もらう	→ いただく,頂戴する
●尋ねる	→ うかがう
●聞く・承知する	→ うけたまわる
●会　う	→ お目にかかる
●見せる	→ お目にかける,ご覧にいれる
●承知する	→ かしこまる
●思う・知る	→ 存じ上げる
●言　う	→ 申し上げる,申す
●お頼みいたします,お待ちする,ご案内する,お願い申す,拝見する,拝聴する,わたくし,小生,拙者,わたくしども,てまえども,愚妻,愚息,小社,拙宅,拙著,粗品,粗宴,弊社	

丁寧語	
●あ　る	→ ございます
●○○だ	→ ○○です
●お金,お茶	

- ●話題作り　　気候，出身地，ニュース，趣味などが，最初の話題として適切でしょう。いきなり，家族，交友関係，職業，出身学校，政治，宗教，噂話などの話題は相手を驚かせますので慎むようにしてください。

- ●電　話　　用件（5W1H ＝ When, Where, Who, What, Why and How）を整理してから，相手の状況を想像し，必要に応じて，「早朝から申し訳ございません……」「夜分遅く恐縮ですが……」「お休みのところおそれ入りますが……」などを使い分けましょう。常識的にそれが必要のない時間帯であっても「いま，お時間よろしいでしょうか」と前置きしてから，本題に入るようにしてください。

- ●携帯電話・公共の場所での雑音　　携帯電話に電話をかける場合は，相手の状況や周囲の状況（電車の中・運転中など）を無視してかけることになるので注意が必要です。電源がオンであるだけでも，医療機器や航空機内機器等に誤動作を引き起こす可能性さえ指摘され，罰せられることもあります。また（電車内，バス車中，映画館・劇場内などの）公共の場では，イヤホン・ヘッドホンからもれる音楽やゲーム機を操作する際のボタンを叩く音でさえ不快に感じる人も多いので気をつけましょう。

03-03　組織として大学を捉えてみると……

❶人間関係（個人と組織の関係）の基本

　少しふだんと見方を変えてみると，大学も学生，教職員などから構成される組織の一つだということに気がつきます。就職した後も，その組織（企業・団体など）の一員として働けるかを訓練する場が大学である，ということもできるでしょう。
　みなさんに組織の一員としての認識があれば，日本の組織においては協調が大切にされていることを思い出してください。たとえば，

> ○自己本位かつ感情的にならなかったか。
> ○他人の話を聞いて理解できたのか（意思疎通や情報伝達ができたか）。
> ○他人の人柄や性格を知る努力をしたのか。
> ○自分もその中で成長しようという姿勢があるのか。

などが問われることになります。またものごとの決断力，実行力，そして指導力が，一般社会では求められていることも覚えておいてください。

❷学生は勝手気ままな言動が許される？

【自分で責任を引き受ける】

ところで，ふだんから大学は自由な雰囲気のある場所だとみなさんも感じていることでしょう。しかし，勝手で気ままな言動はどこまで許されるのでしょうか。たとえば，

> ○早起きが億劫で，授業を欠席した。
> ○授業を途中から抜け出す。
> ○授業よりもアルバイトを優先する。

などの行動は，他人には迷惑はかけないかもしれません。しかし，その結果（留年，退学勧告など）についての責任は，自分自身でとれるようにしておかなくてはいけません。

【組織に影響をおよぼす迷惑行為】

迷惑行為は，自分だけで責任を引き受けきれない場合もあります。例えば，

> ○ゴミ・空き缶・吸い殻等のポイ捨て。
> ○禁煙地域における喫煙。
> ○食堂でトレーや食器を片づけない。
> ○他の教室（試験中の場合も）におかまいなしに廊下で騒ぐ。
> ○つば・たんを吐く。

などの行為は，その地区の条例の定めに違反したり，道徳に反する行動であったりするのです。また大学には，その大学の学生が欲しいという求人で訪れる部外者もいるのですから，自分たちがどう見られるのかをしっかりと考えてみてください——自分の言動が同じ組織，つまり同じ大学の他の多くの学生にも，目に見えない影響をおよぼすことがあるということを，常に忘れてはいけません。

【不満を伝える窓口】

勉学上の不満などは，教職員へフィードバックすることによって，改善されることもあります。学期中に実施される授業評価アンケートの自由記述欄を利用することもできるでしょう。

❸組織内のルールと諸注意

【挨　拶】

　一日の人間関係を円滑にする潤滑剤として，自分から先にという姿勢で「挨拶（おはようございます，こんにちは，こんばんは，さようなら）」をこころがけましょう。目上から目下の者へは「ご苦労さま」，逆は「お疲れさま（でした）」を用います。

【表情・動作】

　いつもさわやかな笑顔でいると，よい印象が残ります。また，つねにきびきびと素早い動作をこころがけましょう。椅子に座った際，足を組むのは美しい身のこなしではありません。大きなドア音を立てて，部屋を出たりするのも慎みましょう。建物の中では帽子は脱ぎ，座る場所がなくても床や地べたに座らないように注意してください。

【言葉づかい】

　ふだんから使っている言葉は就職活動などオフィシャルな場面でも，つい口から出てしまうものです。「それでぇ〜」「ほんと」「まじ」「すっごく」「やだ〜」「チョー」など聞き苦しい言葉は，なるべく使わないようにこころがけましょう。
　また「え〜と」，「いちおう」など，無意味な言葉の繰り返しも控えるようにしましょう。
　そしてTPOに応じて敬語（尊敬語，謙譲語，丁寧語）を，常に使用できるようにしてみましょう。これには慣れが必要です。常に意識して日常的に練習をしてみてください。

【報告・連絡・相談（ホウ・レン・ソウ）】

　仕事や作業が指示されれば，報告することで完了する。指示されたこと以外で，知らせたいことの連絡や相談事の場合でも，口頭あるいは電子メールや文書で，早く，簡潔に，正確に 5W1H（When, Where, Who, What, Why and How）を伝える。

【服　装】

　大学という場所は，前にも述べたようにファッションを競う場ではありません。しかし，目の前の相手に不快感を与えないような服装や身だしなみをする必要はあるでしょう。ある調査結果によれば，清潔さが第一で，次に学生という立場や年齢に相応していることが挙げられています。

【OA（PC）機器・電気製品など】

　OA（Office Automation）機器操作から逃れていては，ビジネスパーソンとしての適性が疑われます。学生のうちから，その必要性を感じて慣れておきましょう。また，このような機

器が設定されている部屋では，喫煙，飲食は禁物です。タバコの煙は，精密機器の機能に異常を発生させる場合があります。また，液体をこぼして製品がショートし，故障することもあるかもしれません。

また，不正アクセスを疑われることになるので，他人が使用中の機器を勝手に操作しないようにしましょう。逆に自席を離れるときは，いったん操作を終了（ログオフ）させるくせをつけましょう。

【節　電】
教室・廊下の電灯も人がいなければ，積極的にオフにして，節電をこころがけてください。

03-04　用件を伝えるメール・手紙の書き方

❶使い分けを考えよう

電話では，内容が跡に残りませんから，結果的に相手に忘れられてしまうこともあります。手紙，電子メールをなるべく使うようにしましょう。また相手から，用件に関する手紙をもらったら，すぐに返事を書くことが礼儀です。要求されている事柄の結果が出るまでに時間がかかりそうな場合も，とりあえずすぐにその旨の返事を出すようにしてください。

❷手紙（和文，英文）の形式

具体的なビジネス用の手紙のサンプルを，次に掲載します。

【和文ビジネス文書の例】（上下左右に適切なマージンをとってください）

　　　　　　　　　　　　　　　　　　　　　　　　　　　　　年　　月　　日

相手の所属機関名・肩書
相手の氏名　様・殿（相手が個人ではなく組織の場合，御中）
〒　住所
（TEL/FAX：XX-XXXX-XXXX）
（E-mail：nomail@mail.com）

　　　　　　　　　　　　　　　　　　　　　　　　　発信人所属機関名・肩書
　　　　　　　　　　　　　　　　　　　　　　　　　発信人名（場合によっては捺印）
　　　　　　　　　　　　　　　　　　　　　　　　　　〒　住所
　　　　　　　　　　　　　　　　　　　　　　　　　（TEL/FAX：XX-XXXX-XXXX）
　　　　　　　　　　　　　　　　　　　　　　　　　　（E-mail：nomail@mail.com）

　　　　　　　　　　　　　　　　　用　件　名

頭語（表3-2参照）　時候の挨拶文，その他挨拶文などの前文を書く。

本文を書く。…
…下記のとおり，…

…

締めの挨拶文を書く。

　　　　　　　　　　　　　　　　　　　　　　　　　　　結語（表3-2参照）

　　　　　　　　　　　　記（具体的に強調したいことがあれば，このように）
…
…

　　　　　　　　　　　　　　　　　　　　　　　　　　　　　　　　　以上

同封物：（同封物がある場合，その内容を記す）
写し送付先：（本手紙のコピーを他にも送付する場合，その宛先を記しておく）

03 学生生活における基本的なルール：モラル，エチケット，ネチケット，マナー

【英文ビジネス文書の例】（上下左右に適切なマージンをとってください）

Month Day, Year

Mr./Mrs./Ms./Dr./Prof. Receiver's name
Position
Office address

RE:（コロンの後に続けて，件名を書く）

Dear Mr./Mrs./Ms./Dr./Prof. Receiver's name,（個人宛の場合）
To whom it may concern,（不特定多数宛の場合）

…（以前のことに関してお礼を言うならことがあるなら，最初に）
…

…
…（必要があれば，相手の返事を見越してお礼や協力に対する感謝を述べる）

Sincerely yours,（Best wishes, Best regards, なども使われる）

署名する

Sender's name
Position
Office address
E-mail:
Tel/Fax: +81+

【封筒・はがきへの住所・宛名の書き方】

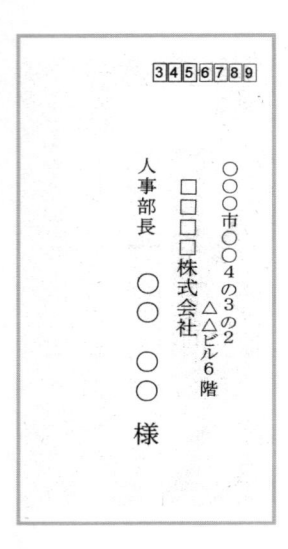

（封筒1　〒345-6789）
○○市○○4の3の2
△△ビル6階
□□□□株式会社
人事部長
○○　○○　様

（封筒2　〒234-5678）
○○市○○町1の2の3
○○様方
○○　○○　様

- 住所が長くなるときは2行から3行に分け，宛先名（肩書き含む）はなるべく中央に一番大きく書く（肩書きは多少小さくてもよい）。
- 住所，宛先名それぞれの書き出し位置に注意（宛先名・肩書きが一番上になる）。

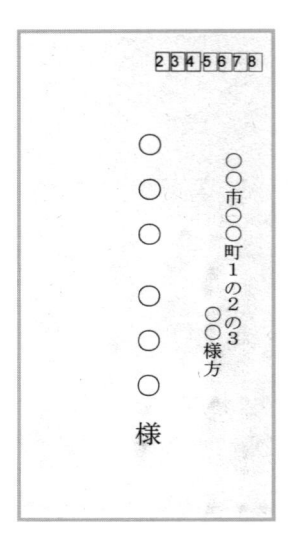

- 間借りなどの場合は，「○○方」と呼び捨てせず，「○○様方」と書く。

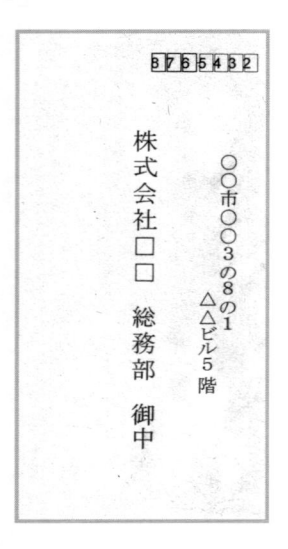

（封筒3　〒876-5432）
○○市○○3の8の1
△△ビル5階
株式会社□□
総務部　御中

（封筒4　裏面）
○月○日
〒567-1234
○○市○○の△
□□大学○学部△学科○年在学
○○　○○

- 宛先名が個人ではなく組織・団体等の場合，敬称は「御中」を使う。

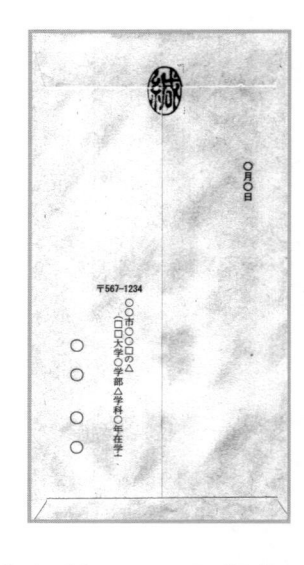

- 差出人の住所・氏名は，オモテ面（相手）の住所・氏名より小さく書く。
- 住所，氏名それぞれの書き出し位置に注意（氏名は住所より下）。
- 日付を書く場合は，右上に書く。封緘語は，一般に「〆」「緘」を使う。

03 学生生活における基本的なルール：モラル，エチケット，ネチケット，マナー

- 相手から返信を求められる場合の葉書等に「行」とある場合は，二重線で消し，個人・団体の区別によって，「様」あるいは「御中」と書く。
- ちなみに，このような葉書文面で「ご氏名」「ご出席・ご欠席」などとある場合，「ご」を二重線で消し，一言添え書きしておくとよい。
- 自分の住所・氏名はオモテ面でもウラ面でもよい。郵便番号は正確なものを書く。

- 外国へ発送する場合（例えば航空便），自分の氏名・住所は封筒の左上に（自分の氏名・住所は日本語でもよいが，国名は必ず英語で JAPAN と書く）。
- 相手の氏名（敬称を忘れないで書く）・住所は中央に大きく書く。
- 相手国名に朱書きのアンダーラインを引いておくと，より解りやすい。
- 切手は右上に貼付する（特殊記念切手などを貼ると，喜ばれることもある）。

表 3-2　書簡用語

頭　語	
● 往信の場合	拝啓・謹啓・恭敬など
● 返信の場合	拝復・謹復・敬服など
● 前文（時候の挨拶など）を省略する場合	前略

結　語	
● 一般的に	草々，早々，不一，敬具，敬白，謹白など
● 返信の場合	拝答，敬答など
● 女子の場合	かしこ

頭語と結語の対応	
● 拝復　←→　敬具	
● 謹啓・恭敬　←→　謹言・謹白	
● 前略　←→　早々・草々・不一	

時候の挨拶文（必要に応じて前文として書く）	
1月	初春，厳冬のみぎり，春寒
2月	晩冬，立春，残寒の今日この頃
3月	早春，梅花の節，風まだ寒く，春眠暁を覚えず
4月	春暖，陽春，若草もえる季節，春たけなわ
5月	残春，立夏，薫風，新緑若葉に映えて
6月	初夏，向暑，初蝉の声きく頃
7月	盛夏，酷暑，暑さ厳しく，夕風の涼味うれしく
8月	残暑，晩夏，朝夕涼味を覚え，立秋とは名のみ
9月	初秋，新秋，野分，一雨ごとに涼しく，秋の夜長く
10月	仲秋，秋冷，秋晴，読書の季節，スポーツの秋，紅葉もそろそろ見ごろ
11月	晩秋，落葉，菊薫るこの頃
12月	初冬，寒冷，年内余日なく，師走

❸電子メールの形式（とくに PC メール）

　手紙とは異なる部分がありますが，次の例を参照してください。ここでは，PC を利用したメールの場合を想定してますが，携帯電話やスマートフォンを利用したメールの場合も，ほぼ同様です。

> ①件名（Subject）は省略しないで，必ず書きます。
> ②「署名ファイル」（メールの最後に必ず付く）を定義して，メール送信者の情報が自動的に付くようにしておきましょう。署名ファイルを定義しない場合でも，最低限，送信者（自分自身）の名前は，メール文の先頭か末尾に書いてください。そうでなければ，そのメールの送信者が誰なのかが，不明となる場合もあります。
> ③メール内容を，他の人にも知らせておきたい場合は，CC（Carbon Copy）アドレス記述欄に，その人のメールアドレスを書きましょう。BCC（Blind Carbon Copy）アドレス記述欄に書いたアドレスの人は，他の人には当該メールがその人に送られていることがわからないようになっています。
> ④メール本文以外に，送りたい内容がある場合は，添付ファイルとしてメールに添付して送ることもできます。ただし，添付するファイル容量に注意してください。

以下に，日本語メールのサンプルを掲載します。

【日本語メールのサンプル】

```
相手の肩書
相手名　様・殿（組織や団体宛なら，御中）


○○大学理工学部□□学科△年生の●●●●です。


必要に応じて，一般的な挨拶文を書く（これは省略されることが多い）。


用件に関する本文を書く。


締めの文を書く。


（添付ファイルがある場合や，CC 宛先がある場合は，その旨ここに記しておくと見逃されることが少なくなる）


（署名ファイルを定義していれば，この位置にその内容が付く）
署名ファイルを定義していない場合も，メール本文末尾に自分の名前や連絡先などは必ず書く。
```

03 学生生活における基本的なルール：モラル，エチケット，ネチケット，マナー

以下に，英語メールのサンプルを掲載します。

【英語メールのサンプル】

```
Dear Mr./Mrs./Ms./Dr./Prof. Receiver's name,　（個人宛の場合）
To whom it may concern,　（不特定多数宛の場合）

…（以前のことに関してお礼を言うならことがあるなら，最初に）
…




…
…（必要があれば，相手の返事を見越してお礼や協力に対する感謝を述べる）

Sincerely yours,　（Best wishes, Best regards, なども使われる）

Sender's name
Position
Office address
E-mail:
Tel/Fax: +81+
```

03-05　ネットワークエチケット（ネチケット）

　コンピュータネットワーク，とくにインターネットには，ウェブサイトに見られるように，世界中の不特定多数に向かって情報（真実や虚偽は別にして）が発信できるところに大きな特色があります。一方，電子掲示板への不用意な情報発信によって，閲覧する人に不快感を与えることもあります。インターネットでは，自分以外の利用者の姿や顔が見えないことが多いのですが，一つの社会であることは間違いありません。利用のための決まり事も定められていますので，その一員としての自覚と責任を認識してください。ここでは，インターネットを利用する際の常識的なルールやマナー（ネチケット）を，財団法人インターネット協

会電子ネットワーク協議会が作成した内容を基に紹介します[5), 6), 7)]。

❶ネットワークで自分自身を守るために

【セキュリティ意識をもつ】

まず，インターネットに接続する際にはセキュリティ意識が大切になります。以下に挙げる項目に注意してください。

- ●アカウントとパスワードを管理しよう　ネットワーク利用時には，ログインするためにアカウントだけでなくパスワードが必要になります。そのパスワードは他人に知られないようにし，他人が類推できないような文字列になるように工夫してください。また，他人のアカウントでログインして，ネットワークを不正利用すると，罰せられることもあります。いずれにせよ，自分自身だけでなく，他人のプライバシーも守るような利用をこころがける必要があります。

- ●コンピュータウィルスに注意しよう　個人の PC をネットワークに接続する際は，コンピュータウィルスに対して十分注意し，ワクチンソフトウェアをインストールしておくことを強くお勧めします。さらに，ウェブサイトを閲覧するソフト（ブラウザ）で個人情報を取り扱う仕組みとして Cookie がありますが，ブラウザ（ウェブサイト閲覧用ソフトウェア）のオプション設定で，「Cookie を受け入れる前にダイアログを表示」「Cookie の使用を全て無効とする」が選択できるので，利便性とリスクを自分の責任で判断した上で設定するとよいでしょう。

- ●ソフトウェアのセキュリティ・アップデートを利用しよう　PC を制御している基本的なソフトウェアである OS（オペレーティングシステム）や応用ソフトウェアでは，定期的にセキュリティを向上させるためのアップデート（更新）情報を発信しています。この情報を有効活用して，ネットワーク接続の安全性を高める意識を常に持ちましょう。

- ●インターネットショッピング　インターネットを利用したショッピング（商品購入）もたいへん便利になりましたが，購入するショップの信用性，取扱商品や取引条件に法律違反がないかなどを確認し，自己責任で利用しましょう。万が一，トラブルが発生した場合，相談窓口を利用しましょう。

【文章表現と情報発信に伴う責任に注意しよう】

情報が爆発的に増加している現在のインターネットでもやはり，文字によるコミュニケーションが主体です。そのため，文章表現が大きな鍵となることに注意してください。また，自分で責任のもてる情報の送受信をこころがけましょう。

- **電子掲示板，メーリングリスト，ブログ，SNS（Social Networking Service）などの利用**
　電子掲示板などを利用して，不特定多数の利用者に連絡や相談を行う場合，経験者からの懇切丁寧なアドバイスが届くことがあります。謙虚に見聞きするようにしましょう。逆に，自分自身が経験者として回答する場合も，見返りを求めることのない懇切丁寧さをこころがけたいものです。他の人による同一の発信内容が，過去にあるかもしれませんから，よく過去のログやFAQ（Frequently Asked Questions）をまず確認してから，発信するようにしましょう。もちろん，個人情報は不特定多数が閲覧できる場所には公開しないほうがよいでしょう。

- **ウェブサイト閲覧**　ウェブサイトに記述されている内容の信頼性は，自分自身の責任で確認することが必要です。その際の判断材料としては，

> ①作成者連絡先
> ②引用や参考にされている文献や他のウェブサイトのURLなどの明記
> ③更新日
> ④運営期間が長いかどうか
> ⑤情報の正しさが別のもので確認できるかどうか

　などがあります。

- **有料ウェブサイトなどの閲覧**　ウェブサイト閲覧が有料の場合もあるので，その旨の表示に注意する必要があるでしょう。また，いわゆる有害な内容を掲載しているウェブサイトもありますが，そこからウィルスを配付したりすることもあるようですので，とくに注意が必要です。なお日本の法律では，ときには罰せられる利用（海外のカジノに参加したり，海外の宝くじを購入したりすることなど）もあります。これにも注意しましょう。

- **電子メールの利用**　送った電子メールは，相手がすぐ読むかどうかは別にして，すぐに配達されます。しかし，基本的に文字情報による交流ですから，相手に対する十分な配慮が必要となります。上述のように，プライバシーを保護しなかったり，他人になりすました不正利用をしたりすると，事件につながることもあります。また，不愉快なメールが届いても，無視できる気持ちをもつことも大切です。

❷ネットワーク上の他者への配慮

【電子メールの利用】
- **メールボックスの容量に気をつけよう**　サーバ（電子メールを処理する管理用コンピュータ）

のメールボックスに蓄積された電子メールは，溜まり過ぎるとメールが受信できなくなるだけでなく，サーバに余分な負荷を与えてしまいます。電子メールは定期的にチェックし，電子メールサービスの管理者から与えられているメールボックスの容量（メールを貯めておける容量）を超えないように注意しましょう。これは，不要なメールをメールボックスから削除するような設定や癖をつけることで回避できます。

● **電子メールの件名をきちんと書こう**　電子メールの件名（Subject）に，メール内容を表現しているキーワードを書くようにすると，受信者の目にもとまりやすいものです。きちんと配慮しましょう。

● **半角カタカナや機種依存文字を利用しない**　電子メールでは半角のカタカナ（例えば，ｶﾀｶﾅ）は，使用してはいけません。さらに，次のような記号や文字は，環境によっては表示されませんから，メール文章中やホームページ中には記載しないように気をつけましょう。

機種依存文字の一例：
① ② ③ ④ ⑤ ⑥ ⑦ ⑧ ⑨ ⑩ Ⅰ Ⅱ Ⅲ Ⅳ Ⅴ Ⅵ Ⅶ Ⅷ Ⅸ
X ㍉ ㌔ ㌢ ㍍ ㌘ ㌧ ㌃ ㌶ ㍑ ㍗ ㌍ mm cm km mg kg cc m²
㍻ No. K.K. TEL ㊤ ㊥ ㊦ ㊧ ㊨ ㈱ ㈲ ㈹ 瞹 砡 聊 ≒ ≡ ∫ ∮
Σ √ ⊥ ∠ ∟ ∵ ∩ ∪ など

● **送信ボタンを押す前に**　メール送信ボタンを押す前に，再度，宛先アドレスを確認し，必要に応じて CC 欄，BCC 欄にもアドレスを記載しましょう。また，電子ファイルを添付して送りたいとき，メールを処理する相手側のサーバによっては，添付ファイルの容量に制限がある場合があります（受信相手が，自分の携帯電話などに転送設定をしている場合なども該当します）ので，注意が必要です。大きなファイルを相手に送りたい場合は，自分が管理して開設できるウェブサイトにアップロードして，その URL をメールで知らせて，相手にダウンロードしてもらう方法やサービスもあります。

● **チェーンメールに参加しない**　「不幸の手紙」のように，はっきりと相手を特定しないで伝言を求める電子メールを「チェーンメール」と呼びますが，その送信はネットワークに負担をかけます。たとえそれが親切のつもりであっても，参加してはいけません。

● **イライラしない**　送信した電子メールに対して，すぐに返事がこないからという理由で，イライラしないようにしましょう。自分にも事情があるように，相手にも事情があって，メールを確認していなかったり，返事をするのが遅れていたりするのかもしれません。重要な内容の

電子メールだけでも受け取ったらすぐに，受け取ったことを知らせる電子メールを返信しておくと，相手も安心します。その習慣をつけましょう。

【電子掲示板，メーリングリスト，ブログ，SNSなどの利用】
　これらのメディアは，同じ問題意識を共有する多数の人と意見を交換する場所です。自分勝手な振舞いは慎みましょう。当然のことですが，多くの人が，発信者の書き込みを目にします。注意深く言葉を選ぶとともに，正しい日本語で書くことに注意しましょう。また，責任がとれる内容についてのみ発信するよう心がけてください。

- **質問**　　質問は，答えてくれる相手に負担を強いるものであってはいけませんし，安易な質問も慎みたいものです。質問をする場合，簡単な自己紹介をして，これまでの自分の努力と限界を簡単に説明した上で，ポイントを絞ってアドバイスを求めると，相手からも理解を得やすいでしょう。返事がもらえるまでには時間がかかることもありますし，回答がないかもしれませんが，気長に待ってみましょう。もしアドバイスをもらったら，丁寧に礼を述べて，自分と同じ問題で悩んでいる人をインターネットで見かけたら，もらったアドバイスを惜しみなく提供するようにしましょう。

- **議論**　　参加している議論が沸騰しても，すぐには発言しないようにして，冷静になって文章を読み返すくらいの余裕をもつとトラブルも発生しにくいものです。特定の個人に対して，誹謗・中傷したりするような書き込みや，人格を否定するような内容の書き込みは絶対にしないようにしましょう。相手の姿は見えませんが，プライバシーを尊重することも忘れないように気をつけましょう。

- **有害情報の掲載**　　もちろん，有害な情報を掲載することも違法ですので，注意してください。

【ウェブサイトの開設】
　開設したウェブサイトでは，すべての情報の内容に責任を持ち，更新日を記載したり，連絡先を表示したりすることに努めましょう。また，以下の事柄にも注意してください。

- **データ容量の表示**　　大きなデータを掲載したり，データをダウンロードさせる際には，その容量を表示したりして，閲覧する側の利便を考えるとよいでしょう。

- **著作物の転載利用**　　他人の著作物を使用する場合，著作権を侵害しないような手続きを踏まないと，トラブルが生じることがあります。注意しましょう。

- リンクの許諾　　他のウェブサイトのリンクを張る場合でも，場合によっては許諾が必要なこともあります。その場合には，メールで連絡するなどきちんとした手続きを踏む必要があるでしょう。

❸ネットワーク利用に関する違反行為

【ハッキングやクラッキング】

　アクセス権限がないネットワークに不正に侵入し，データを見たり，改ざんする行為，あるいはそのコンピュータシステムを利用したり，その運用を妨害したり，損傷を与える行為をしないように注意しましょう。また故意に他人のパスワードを盗むことや，他人の電子メールを偽造すること，たくさんの電子メールや容量の大きな電子メールを一度に送るというわゆる電子メール爆弾を送る行為，インターネット上を流れているデータを盗み，改ざんする行為などは，決してしないようにしてください。これらは，すべて何かしらの処罰の対象となっています。

【ネットワーク利用に関する法律違反事例】

　ネットワーク利用に際しても法律に違反するものは罰せられるので，知らなかったでは済みません。責任をとるのは，利用者であるあなた自身になります。過去の多くの事例では，次に挙げるような事例があります。

○著作権の侵害
○商標の使用
○肖像権の侵害
○プライバシーの侵害
○他人の社会的評価にかかわる問題
○わいせつな情報等の発信
○風俗営業
○ねずみ講
○未承認医薬品等の販売，広告
○通信販売
○個人情報の保護

　それでは，十分に気をつけてコンピュータネットワークを活用してください。

Part II

理工系学生のための
アカデミック・
ライティング入門

04 論述文とは何か

論文・レポートを書くために
基本編①

04-01　はじめに

　この本が対象としている日本語は，論述文といわれるような，論文，レポート，社説，解説文，新聞記事や要約文，企画書，起案書などで使われる日本語です。文学的な日本語の文章を書くための技術ではありません。

　詩や小説などの文学的な文章では，多様な読み方ができることが，むしろ作品の魅力となっています。

　　　閑さや岩にしみ入蟬（せみ）の声

　松尾芭蕉の有名な句です。この蟬が，ニイニイゼミかアブラゼミか，一匹か複数か，という有名な論争がありましたが，文学の文章はこのように読み手によってさまざまな読取りが可能になってきます。読み手の感性，それまで貯えてきた知識や経験などによって深く読むこともできれば，表面的な意味だけを読み取っておわってしまうこともあります。そのため，すぐれた読み手が読むと，「蟬がニイニイゼミかアブラゼミか，一匹か複数かというようなことはどうでもよい。」むしろ「蟬噪ギテ林　愈（いよいよ）静ナリ。鳥鳴イテ山更ニ幽（かすか）ナリ。」という漢詩の改案である，という「目から鱗（うろこ）」のような読みもでてくるのです。表面的な意味よりも，ことばの持っている響きや歴史の中で育まれたさまざまな意味を味わうことが大切です。文学作品は，つねに新しい解釈を生みだしていきます。

　　　行春（ゆくはる）や鳥啼（な）き魚の目に泪（なみだ）

　同じく芭蕉の句です。さて，みなさんはどう読みますか。

声に出して，読んでくれるだけでも結構です。漢字を見つめるだけでも結構です。なにかふしぎな世界が広がってきませんか。

いっぽう，論述文は，できうる限り「あいまいさ」を排除し，事実にそくして，**論理**を展開していくものです。複数の読み手のおのおの異なった読取りが可能な芸術的な文章に対して，本書が対象とする論述文は複数の読み手に，同量の，同質の情報を与える実用的な文章といってもいいでしょう。そのような日本語の作文の技術といっても，けっしてむずかしいことを言っているのではありません。日本語の文章を書くときの基本的な**約束事**のことです。文章といっても，日記のように他人に読んでもらうためでないものもありますが，わたしたちが文章を書くとき，それを他の人に読んでもらおうと思って書くのがふつうです。そのためには，人によってさまざまな読み方ができるようなあいまいなものではなく，わかりやすくなくてはいけません。論述文のような文章は，読み手が正確に読んでくれなければ，意味がありません。

読み手は，文字を通して正しい情報を得て，書き手の論理をたどり，言いたいことを考えなければなりません。これはそんなに簡単なことではありません。「技術」というのは，読み手の労力をすこしでも軽くしてやり，自分の考えがまちがいなく読み手に伝わるための工夫といえます。

そこで，読み手の身になって，できるだけ読みやすく，おもしろく書く心くばりが必要になります。

04-02　「読み手はだれか」を考えよう

「読み手の身になって」わかりやすく書くには，読み手と自分とがどんな関係にあるかを考えることが大切です。

わたしたちは，読み手がどのような人か考えて，文章を書きます。たとえば，本を送ってくれたときのお礼の文章でも，自分と相手の関係を考えて書くでしょう。

さまざまな関係が想定されます。友人，同僚，かつての恩師，現在の先生，見知らぬ人（なにかの勧誘かもしれない）など，相手との関係によって文章は変わってきます。また，はがきか，手紙か，メールか，携帯のメールか，伝達の媒体によっても文章はことなります。

実用的な文章に限らず論文やレポートでも，読み手がどのような人か，考えなくてはなりません。**書き手が書こうとしている事柄について，読み手はどれくらいの知識を持っているか，読み手はなにを知りたがっているのか，書き手は読み手にたいしてどうしてもらいたいのか**，など書き手と読み手の関係を無視しては，文章を書く目的ははたせません。

04-03　すこしの工夫で読みやすくなる

　文学的な文章とはちがって，わかりやすい論述文を書くには，技術的な訓練が必要です。しかし，「技術」であるかぎりそれは学習可能であり，習得可能なはずです。そして，そのような「技術」は，多くの人が，あまり意識しないで用いています。
　具体的には，「句読点」の打ち方，漢字の使い方，「修飾」のしかた，段落のつけかたなどのわかりやすい日本語の文章を書くための基本的な「技術」を学んでいきましょう。

ウォームアップ

●学習に入る前に，簡単な文章を書き，文章を書くことに慣れてみるためのウォームアップです（ここでは決して構えずに自分が感じたままを文章に表現してみてください）。

①次の写真にはみなさんがご存じの「ある物」が写っています。名前を言えばどんな物かすぐに伝わりますが，名前を言わずにこの物を説明してみてください。文章の長さは自由ですが，自分なりに工夫して説明を書いてみてください。

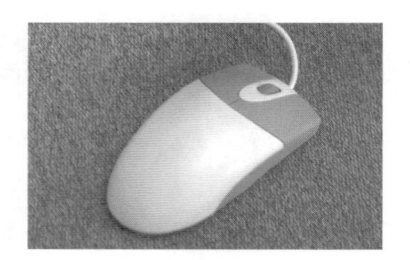

②説明はうまく書けましたか。説明を書き終えたら，他の人が書いた文章と比較してみましょう。そして，この物を説明するときに，必要な要素とそうではない要素はいったい何かを話し合ってみましょう。

04-04 論文・レポートの文章

さて,この本が対象としている日本語は,論文やレポートなどで使われる日本語です。
　繰り返しになりますが,論文やレポートは,できうる限り「あいまいさ」を排除し,事実にそくして,論理を展開していくものです。論文は複数の読み手に,同量の,同質の情報を与える実用的な文章といっても良いでしょう。そのような論文を書くときの基本的な約束事について,練習問題を解きながら考えていきましょう。

「である調」(常体)と「です・ます調」(敬体)

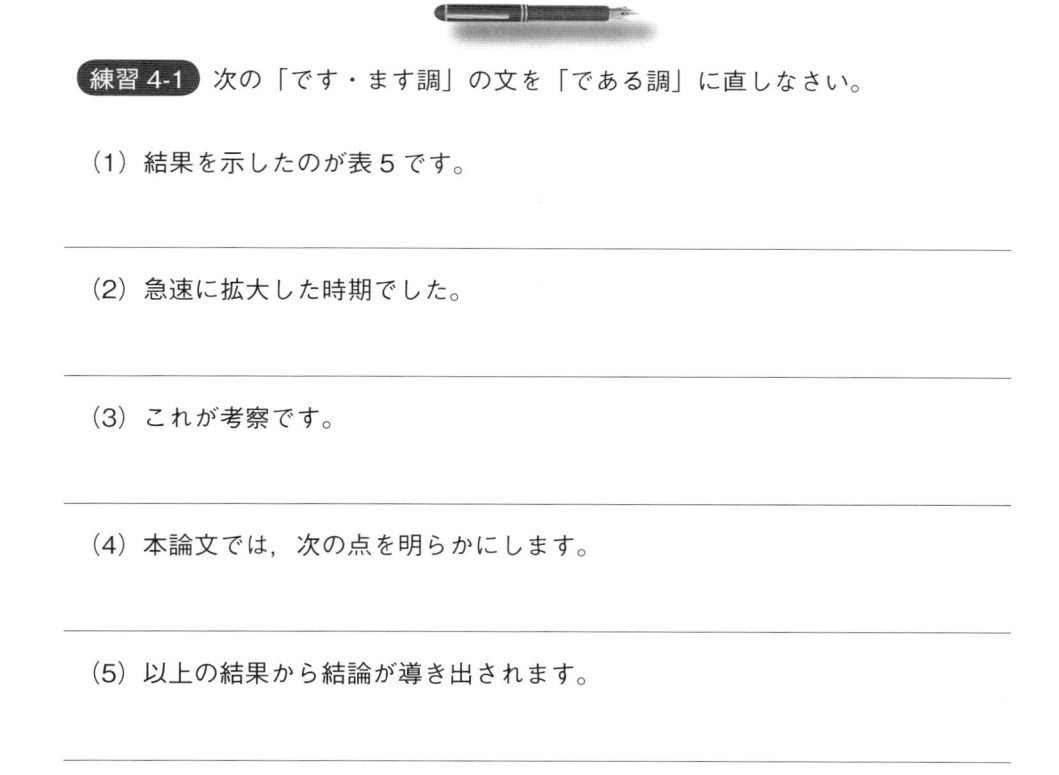

練習 4-1 次の「です・ます調」の文を「である調」に直しなさい。

(1) 結果を示したのが表5です。

(2) 急速に拡大した時期でした。

(3) これが考察です。

(4) 本論文では,次の点を明らかにします。

(5) 以上の結果から結論が導き出されます。

●敬体は丁寧な印象を与えますが,論文のようにある事実に基づく仮説を伝えるような文章には合いません。

話し言葉特有の表現は使わない

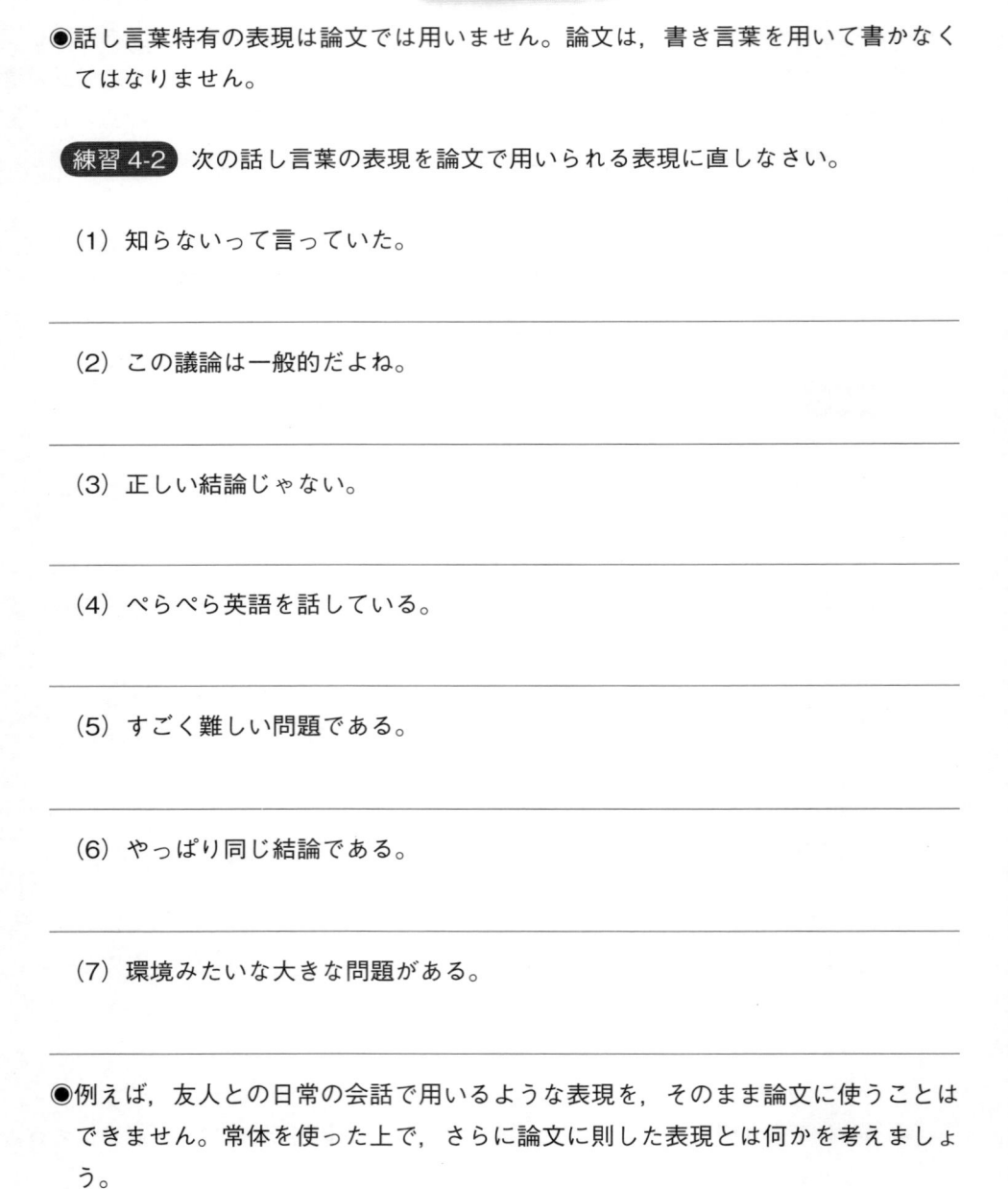

◉話し言葉特有の表現は論文では用いません。論文は，書き言葉を用いて書かなくてはなりません。

練習 4-2 次の話し言葉の表現を論文で用いられる表現に直しなさい。

（1）知らないって言っていた。
_____

（2）この議論は一般的だよね。
_____

（3）正しい結論じゃない。
_____

（4）ぺらぺら英語を話している。
_____

（5）すごく難しい問題である。
_____

（6）やっぱり同じ結論である。
_____

（7）環境みたいな大きな問題がある。
_____

◉例えば，友人との日常の会話で用いるような表現を，そのまま論文に使うことはできません。常体を使った上で，さらに論文に則した表現とは何かを考えましょう。

。（まる・句点）と，（てん・読点）

● 「。（まる）」は文の終わりに必ず打ちます。「，（てん）」はおおよそ次のような規則にしたがって打ちますが，あまり読点が多い文は好まれません。

①文を途中で区切るとき
②並立
③文のはじめの接続詞のあと
④文中の接続語のあと
⑤長い主語のあと
⑥挿入句の前後
⑦強調した語句の前後
⑧誤解をさけるため

練習 4-3 次の表現を①から⑧の規則にしたがって，句点と読点を打ちなさい。

（1）まず用語の定義を行い最後に検討をしたい
（2）動物も悲しみ驚き生きている
（3）しかし問題点もある
（4）議論するとき例証を引用しなくてはいけない
（5）さまざまな反応をする物質は気をつけて扱わなくてはいけない
（6）学校教育特に大学では学生の主体性が重視される
（7）このデータこそが考察に必要である

注意 書く文章の種類によっては，記号の扱いには注意が必要です。例えば，就職のときに提出する「エントリーシート」や学術論文では，？や！といった記号を使うことは一般的には避けるようにします。

今回の宿題

①これまでに述べた内容を意識しながら，最近の新聞の「コラム」（例えば，朝日新聞なら「天声人語」）を2編，原稿用紙にそのまま書き写してみましょう。新聞や内容は，みなさんが興味を持った文章を選んでいただければ結構です。

②新聞は図書館に行けば読むことができます。一般に使われている書き言葉がどのようなものか，みなさんがふだん使う言葉とどのように異なっているのか，または同じなのか，自分なりに意識して，作業に取り組んでみましょう（難しい言葉や漢字が出てきても，変えずにそのまま書き写すことが大切です）。

●次回の授業では，書き写していて気づいたことを話し合ってみましょう。

●書き写していて気づいたこと

_____

_____

_____

_____

_____

_____

_____

20字／行 × 20行 = 400字

20字／行 × 20行 = 400字

05 表題・段落・引用・表記規則

論文・レポートを書くために
基本編②

05-01 前回のチェック

　宿題は書いてきましたか。まずは，その文章を読み上げてみましょう。ただ，写すだけの作業と思ってしまいがちですが，きちんとそれぞれの言葉を理解できないと文章を写すのもなかなか難しいものです。そして，自分で読んでいてわからない言葉，わかりづらい言葉があれば，きちんと辞書で調べてみましょう。

　宿題のように原稿用紙に実際に書いてみると，いろいろな疑問や問題が出てくると思います。たとえば，次の点をチェックしてみてください。

> □ 常体で書いていますか。
> □ 段落は作っていますか。
> □ 段落の始めは改行して，1字下げていますか。
> □ 誤字・脱字はありませんか。

　前回は，文章を意識することに重点を置きました。これから自分で文章を書く場合，さらに以下のことに注意するようにしましょう。

> □ 表題はありますか。
> □ 氏名はありますか。
> □ わかりにくい表現はありませんか。
> □ 勝手に引用（盗用）していませんか。
> □ 表記規則は守っていますか。

これだけではありませんが，文章を書く際にはいろいろな点を確認しながら書き進めていく必要があります。

今回は，上に挙げた点に注目し，学習を進めていきましょう。

ウォームアップ

● まずはウォームアップです。今回は，前回とは少々異なっています。

①次の写真には一匹の猫が写っています。さて，この猫は今どんな気持ちで，何を考えているのでしょうか。また，何と言おうとしているのでしょうか。猫の姿勢，視線，居場所などから想像して，クラスの他の学生にもうまく伝わるよう，自分なりに工夫をして説明してください。

_____

_____

_____

_____

②他の人が書いた「猫の気持ち」とあなたの書いた文章では，どこが違っていましたか。猫のどこに注目するかによって内容も変わってくると思います。また，書き方，言葉遣いなど，異なる点を話し合ってみてください。

◉この練習は単なる遊びではありません。「ことば」を介さないコミュニケーションでは，わたしたちは相手の表情や体の動きなどを自然と読み取り，そこからコミュニケーションが始まります。相手の気持ちを推し量ることから，コミュニケーションが始まると言ってもいいでしょう。今回の練習では相手は「猫」ですから「ことば」は使いませんが，細かな観察から自分の中で「相手」の気持ちを想像する練習をしてみてください。

05-02　表題を意識しよう

　さて，論文・レポートの場合は，自分の研究の仮説や問題点を，明確に題名に表す必要があります。
　木下是雄は『理科系の作文技術』のなかで題名（表題）について次のように述べています。

> 　表題には「何を」研究したかを具体的に示す。また，「どんな方法で」研究したかも示してほしい。上記の「何」の言い表し方が論文の内容にピタリと限定されているほどいい表題である。抽象的・一般的すぎる表題は好ましくない。
> 　表題が短いことはもちろん望ましいが，適切に内容を示すことが第一の要件だ。最近では表題は〈最も短い抄録〉の役を果たすべきだという考えが強くなり，これにともなって長めの表題が多くなってきた[1]。

　表題は論文の顔になります。この「顔」がどんな表情をしているのか，読者はまずそこに注目します。翻れば，良い表題というのは，論文の要旨が理解しやすく，かつ他の論文との違いを明確にしていることが重要な要素といえます。
　表題についての具体的な点については後の章で学習しますが，どれほど文章の内容が素晴らしくても，表題がそれを台無しにすることもあるということを肝に銘じて，論文に向かっ

てみてください。

05-03　段落を意識しよう

　表題が論文の顔とすれば，段落は体の重要な一部です。体のさまざまな部分をつなぐ関節のようなものといってもいいかもしれません。

　「段落」とは，たとえば，ある辞書によれば，「長い文章の中の，一つの主題をもってまとまった部分。また，その切れ目」と定義されています。この「段落」は，文頭を一字下げにすることによって，区切られ，設定されます。

　段落を区切るときに注意することは，まず自分が文章で述べたいことを考え，複数のつながりのある文を書いていき，まとまりがついたところで段落として区切ることです。文章を書いていて，新しい考えが出てきた場合や，述べている考えを発展させたい場合は，新たに段落を作り，文章に区切りをつけ，さらに書き進めていきます。

　一つの目安として，野口悠紀雄は『「超」文章法』で，「パラグラフ」を構成する適当な字数を150字程度といっています[2]。最近ではコンピュータによる執筆が一般的になっていますから，40字を一行とすれば，ほぼ3〜4行が一段落ということになります。ひとつの「文」がほぼ30字から50字程度で構成されますから，ひとつの段落には2〜3の文が含まれることになります。

　次のページに例文がでています。さっそく練習に取りかかってみましょう。

段落を区切る

- 練習の方法ですが，まず最初は段落を意識せずに，内容を理解するように最後まで通して読んでみてください。
- そして二度目には，文章中の意味の大きな変化，論理の展開，具体例等に注意をして，段落で区切ることができると思われる箇所にマークを付けてみてください。
- 最後にマークを付け終わったら，みんなで発表し合い，確認してみましょう。段落の区切りに厳密な意味での正解はありませんが，出てきた答えの中でどれがもっとも読みやすいのか，意味が伝わりやすいのかを，みんなで考えてみましょう。

練習 5-1 次の文章を読んで，自分で段落を区切ってみましょう。著者の考え，論理をじっくりと読み取ってみましょう。

　コミュニケーションは，この世の中を生きていくための重要な手段であると同時に，生きる目的そのものでもある。仕事の場では，コミュニケーション力は重要な手段である。対話力が低ければ，生産効率が悪くなる。ミスも多くなり，職場の雰囲気も悪くなる。会社は利益を上げることを目的とした集団だ。その利益を上げるためにコミュニケーション能力が必要となる。家族の場合は，これとは事情が異なる。家族は利潤を求めているわけではない。関わり合うことそのものが目的と言える集団だ。一緒に食事をし，話をし，どこかへ一緒に遊びに行く。ボーッと一緒に部屋で寝っ転がって時を過ごすこともまた，家族のよさだ。何かを生み出すことが目的ではない。そこでは一人ひとりが優秀であるかどうかは本来重要なことではない。赤ちゃんに対して優秀かどうかを問う親はいない。赤ちゃんは手間のかかる存在だが，その世話をすることが皆の生き甲斐にもなる。家族においては，生産性よりも，感情が交流することの方が重要なのである。私たち人間は，コミュニケーションしたいという欲求を強く持っている。一人きりになるのは寂しいし，怖い。部屋で一人静かに過ごす時間は快適なものだが，社会からまったく切り離され，他人とのコミュニケーションができなくなったとすれば，そのような快適さはもはやなくなるであろう。刑罰の一つに独房というものがある。一人で部屋に入れられ誰ともコミュニケーションできない状態は，人間にとっては刑罰なのである。コミュニケーションし，感情を交わし合い，考えを語り合う。それ自体が人生の目的なのである。深い永遠の愛ばかりが人間にとって必要なものではない。気持ちを軽く伝えることができる存在が，まずほしい。何かを見て，いいなという感情が湧いたり，何かを食べて，おいしいなと思ったりしたときに，その感情を分かち合う相手が欲しくなる。その相手は，時に人間でなくとも構わない。犬は，人間のコミュニケーション欲を充たしてくれる重要なパートナーであり続けてきた。私たちは気持ちを誰かと伝え合い，あれこれと話をしなければいられない存在なのだ。だからこそ，家族が人間にとって重要な単位なのである。社会では能力で人間の価値がはかられるのに対し，家族の中では，基本的にはコミュニケーションする関係が求められている。
　　　　　　　　　　　　　　　　　　　　　（齋藤孝『コミュニケーション力』[3])

05-04　「引用」と「盗用」

❶「盗用」の意味とそのいけない理由

　「盗用」とは，人の書いた文章をたんに拝借してきたということだけではなく，文章を「盗んだ」という事実を隠し，それがあたかも自分の功績や考えであるかのように，他人に見せることです。文章そのものだけではなく，他の人が証明して見せた論証のやり方をそっくりそのまま用いて，あたかもその論証を自分が生み出したように見せることも，同じく「盗用」にあたります。

　中学や高校では，さまざまな本や資料を使い，ある専門的な事実を調べることを目的に出されたレポートもあったかもしれません。そして，その場合に限っては，「人の書いたものをまとめる」ことで，レポートの要件を満たすことができるかもしれません。

　しかし，大学での勉強や研究というものは，学生と同時に研究者でもあるみなさんに「主体的な」行動を求めています。ですから，課題に要求されるのは，専門家並の「立派」な仮説や考えを論証していくというよりも，むしろ，みなさんがある課題に対し抱いた「独自」の考えを前面に出して，論証を行なうことです。ただし，経験の少ない学生の「独自」の考えといっても，当然限界があります。そのため，そうした弱点を補強していくために，専門家の意見，考えや成果を活用する「引用」という手続きが必要不可欠になるのです。しかし，それが悪意のあるものではなく，無意識のものであったとしても，正しい手続きを踏まずに，他人の考えを借用した場合には，レポートが「盗用」と判定されてしまい，担当の教員からは「単位認定」を受けられないという事態が起こります。「卒業」さえもふいにしてしまう可能性もあります。それほど「盗用」は重大な過失だといえます。

❷「引用」という技術

　それでは，「盗用」をせずに「人の考え」の助けを借りるためにはどうしたらよいのでしょうか。

　それは，正式な手続きを踏んで「人の考え」を自分の文章に「引用」をすることによって解決できます。この手続きは決して難しいことではありません。自分の仮説の論証の弱い部分を補うための，また，自分の論証の精度をさらに高めるための，効果的な「技術」といえます。この「引用」の手続きを踏むことによって，自分の文章をより「説得力のある」文章へと変えることができます。きちんとした「引用」の約束を守ることによって，同様の内容を問題なく表現することができるようになります。

　　　　日本人と日本語の関係の危うさは，鈴木孝夫が述べているように，「日本人の言語意識，
　　　国語観は，それに対立するもの，拮抗（きっこう）する相手の存在から迫られる自己確認，自己凝縮（ぎょうしゅく）の

過程を経たことがない[1)]」ことに，その一因が求められるのではないかと私は考えている。

　ここでかぎかっこに入れられた部分が「引用」の部分となっています。ただし，これだけだと，誰が書いたどのような文献からの引用なのか読者はわかりません（*ちなみに文献とは，研究等を行う際に参考にする書物や文書のことを指し，特に参考にした文献を「参考文献」として文中や文章の後に明らかにするという約束事があります）。

　そのために，巻末に文献目録を載せます。「引用」の中の文章の最後に見える 1) というような文献番号を（上付き文字として）付けることによって，巻末の文献目録中の参考文献の数字と対応させ，出典がわかるようなしくみになっています。文献目録には，次のように書くことになります。

> 1）　鈴木孝夫：ことばと社会，中央公論社 （1975），p.201

　このように「引用」の手続きはそれほど難しいものではありません。上の例では，引用した文献が単行本にあたります。目録のなかの，この文献の記述は，

> 番号）全著者名：書名，発行所（発行年），ページ数（通常は p.x，複数の場合は pp.x-y）

という順序で書きます。単行本であっても共著の場合，または雑誌からの引用の場合など，引用文献の種類は多岐にわたりますが，基本的にはこの書き方をまずおぼえてください。引用の詳しい方法は，学会，出版社，投稿する雑誌などで異なる場合がありますから，それぞれの規定にしたがいましょう。詳しくは第 10 章 10-05 を参照してください。

05-05　表記規則

　原稿用紙の一マスには，「（かぎ），『（ふたえかぎ），（（かっこ），・（なかてん），。，（句読点）を一つずつ入れるのが原則です。しかし，二つで一組になるような場合，行末のマスを（，「，等で始めてはいけません。次の行の最初のマスに書きます。また，行頭のマスが 」，）で始まってもいけません。前の行末のマスに書きます。句読点が文頭に置かれる場合には，前の行の終わりに打ちます。
　数字やローマ字の大文字は一マスに書きますが，小文字の場合は 2 字で一マスを使うので注意が必要です。

今回の宿題

●今回の宿題は文献目録（参照文献のリスト）の作成です。自分の本を使用するか，図書館で自分の専門に関係する本を合計10冊借り，文献目録を作ってみましょう。

*memo

06 段落の区切り方
論文・レポートを書くために
応用編①

06-01 前回のチェック

　前回の宿題はやってきましたか。きちんとリストを作成したかどうか確認してください。最初は少々むずかしいかもしれませんが、慣れれば意外と簡単にできるようになります。授業のレポートや論文などでは必ず必要になりますから、この機会にぜひしっかりと覚えてください。

ウォームアップ

- さて、今回のウォームアップは「ことば」の説明を「ことば」で書くことです。次の「ことば」の説明を書いてください。
- 「ことば」の定義は、辞書に載っているものがすべてではありません。自分なりに考えて、意味をわかりやすく表現する練習だと思い、説明を書いてみてください。

①自　分

_____

_____

_____

②　仕　事

_____

_____

③　友　人

_____

_____

_____

●書き終わったら，他の人たちと比較してみましょう。みなさんの受け止め方はどのように違っているのか，また共通する点はどんな点か，確認してみましょう。

06-02　言いたいことや書きたいことを意識しよう

　この章からは以前の章で学んだことを，もう少し実践的に練習をしてみます。
　まずは，前の章でも少しふれた「段落」の使い方を勉強していきましょう。段落には文章を読みやすく，理解しやすくするための働きがあります。具体的な例をあげてみましょう。次の文章を読んでみてください。

　コミュニケーションという言葉は，現代日本にあふれている。コミュニケーション力が重要だという認識は，とみに高まっている。プライベートな人間関係でも仕事でも，コミュニケーション力の欠如からトラブルを招くことが多い。仕事に就く力として第一にあげられるのも，コミュニケーション力である。コミュニケーションがうまくできない人間とはつきあいたくない，一緒に仕事をしたくない，というのは一般的な感情だろう。では，コミュニケーションとは何か。それは，端的に言って，意味や感情をやりとりする行為である。一方通行で情報が流れるだけでは，コミュニケーションとは呼ばない。テレビ

のニュースを見ている行為をコミュニケーションとは言わないだろう。やりとりするのは，主に意味と感情だ。情報伝達＝コミュニケーション，というわけではない。情報を伝達するだけではなく，感情を伝えあい分かち合うこともまたコミュニケーションの重要な役割である。何かトラブルが起きたときに，「コミュニケーションを事前に十分とるべきであった」という言葉がよく使われる。一つには，細やかな状況説明をし，前提となる事柄について共通認識をたくさんつくっておくべきだったという意味である。もう一つは，情報のやりとりだけではなく，感情的にも共感できる部分を増やし，少々の行き違いがあってもそれを修復できるだけの信頼関係をコミュニケーションによって築いておくべきだった，ということである。 （齋藤孝『コミュニケーション力』[1]）

この文章を読んで，何か気づいた点がありますか。

この文章は，もとにあった「段落」の区切りをすべて削り，ひと続きにしたものです。この文章には，形式上，ひとつの段落しかありませんが，重要な考えが含まれており，論理の流れが変わっている箇所があります。

論理という言葉が難しいと感じた人は，自分の話を理解してもらうためのそれぞれの「ステップ」だと考えてください。まずは，相手にこれから伝える情報の基礎の部分を伝え，発展させ，時には例を挙げ，最後にもっとも強くいいたいことを述べるのです。その「ステップ」ごとに「段落」を作れば，読み手や聞き手もその話に対し，無理なく理解度を上げていくことができます。そうすることで相手の負担を軽くし，理解へと集中してもらうことができるのです。

それでは，上の点に注意して，段落で区切られたもとの文章を読んでみましょう。

　コミュニケーションという言葉は，現代日本にあふれている。コミュニケーション力が重要だという認識は，とみに高まっている。プライベートな人間関係でも仕事でも，コミュニケーション力の欠如からトラブルを招くことが多い。仕事に就く力として第一にあげられるのも，コミュニケーション力である。コミュニケーションがうまくできない人間とはつきあいたくない，一緒に仕事をしたくない，というのは一般的な感情だろう。

　では，コミュニケーションとは何か。それは，端的に言って，意味や感情をやりとりする行為である。一方通行で情報が流れるだけでは，コミュニケーションとは呼ばない。テレビのニュースを見ている行為をコミュニケーションとは言わないだろう。

　やりとりするのは，主に意味と感情だ。情報伝達＝コミュニケーション，というわけではない。情報を伝達するだけではなく，感情を伝えあい分かち合うこともまたコミュニケーションの重要な役割である。何かトラブルが起きたときに，「コミュニケーションを事前に十分とるべきであった」という言葉がよく使われる。一つには，細やかな状況説明をし，前提となる事柄について共通認識をたくさんつくっておくべきだったとい

う意味である。もう一つは，情報のやりとりだけではなく，感情的にも共感できる部分を増やし，少々の行き違いがあってもそれを修復できるだけの信頼関係をコミュニケーションによって築いておくべきだった，ということである。

　文章全体が非常にすっきりしているように見えます。物理的にスペースが空くこと（字下げ）によって，一文一文が読みやすくなっただけではなく，改行をし，段落を区切ることによって文章に含まれている新たな考えや論理の流れがよりはっきりとしています。
　著者は最初に，コミュニケーションという言葉の一般的な意味を定義し，説明をしています。いきなり専門的な話から入るのではなく，多くの人が経験するような仕事の話を例として，わかりやすく導入をしようとしているのがわかるでしょう。
　その次の段落では，もう少しつっこんでコミュニケーションという言葉の意味を説明しています。最初の段落で一般的に使われる意味を説明してあるので，著者が訴えたいコミュニケーションの本来の意味がより明確にこちらに伝わってきます。
　最後の段落では，さらに著者が訴えようとすることを詳しく述べ，意外と見逃されがちな言葉の意味をていねいに説明しています。

　このようなことが段落を作ることの意義のひとつです。さっそくある程度の長さの文章を書く練習をしてみましょう。

イラストを参考に文章を書いてみよう

- 題材の右側のイラストで描かれているのは，とあるバーでの風景です。色々な人がいて，にぎわっている様子が伝わってきます。
- あなたはこの中から，自分が興味を持った一人をまず選び，その人がどんな性格なのか，どんな仕事をしているのか，どんな背景を持った人なのか，今このバーで何をしているのか，どのような事が起こるのか，などいろいろな情報を想像し，説明を書いてみてください。

練習6-1　次のイラストから，一人を選び，その人を説明する文章を書いてみましょう。字数は400字程度です。書き終わったら，周りの人と交換をして，うまくその人の特徴が伝わっているかどうかお互いに読み比べ，話し合ってみましょう。

● みなさんも実際に，友達を口頭で紹介した経験があるかもしれません。実際にその人物を前にしていると，身振り手振りも交えて，情報は簡単に伝わるでしょう。しかし，まったく視覚的な情報のない人にむけて，情報を簡潔にわかりやすく伝えるのは，なかなか難しいことです。

● この練習は，人に情報を伝えるとき，時間や字数の制限がある場合に，何が大切な情報で，何から人に伝えなければならないのか，その順番や構成を考える練習でもあります。よけいなことから言ってしまったのでは，制限を超えてしまいますし，一行程度であまりに簡単すぎても，説明の文章としてはあまり良いものとは言えません。

● いきなり文章は書けないという人は，例えば，説明しようとする人の特徴を箇条書きでメモにしてみてもいいでしょう。頭の中で考えているよりも，実際に文字にしてみた方が，考えはより整理しやすくなります。

*memo

06-03 段落の構成・実際・使い方

❶段落の構成

　みなさんの書くレポートや論文は，文章の字数が決められています。一般的な学術論文であれば，字数にして8000字から16000字程度になり，さらに図や表を加える場合があります。レポートであれば，場合にもよりますが，字数にすると4000字程度というのが多いかもしれません。

　わたしたちは限られた字数で自分の言いたいことを論理立てて言わなくてはいけません。まず，文章のアウトラインを考え，大まかな論点やトピックをいくつか作るとすれば，それがそのまま章になります。さらにその章の中で細かくいいたい点を順序だてて，考えをある程度の長さに区切ると，それが自然と段落になります。

❷段落の実際

　段落を区切るときに注意することは，まず自分が文章で述べたいことを考え，複数のつながりのある文を書いていき，まとまりがついたところで段落として区切ることです。文章を書いていき，新しい考えが出てきた場合や，述べている考えをさらに発展させたい場合は，新たに段落を作り，文章に区切りをつけ，書き進めていきます。

　前の章の繰り返しになりますが，野口悠紀雄は段落を構成する適当な字数を150字程度と言っています。最近ではコンピュータによる執筆が一般的になっていますから，40字を1行とすれば，ほぼ3〜4行のまとまりが段落ということになります。文を基準に考えれば，一つの文がほぼ20字から40字程度で構成されますから，ひとつの段落には4〜6の文が含まれることになります（『「超」文章法』）。ただし，この長さは，自分の言いたいことによって変化します。

　しかし，「そろそろ文章が長くなってきたから，段落でもつけてみよう」というのでは，かえって文章を読みにくくしてしまいます。また，自分の考えを，段落も区切らずにだらだらと書き，読者に読みにくいと思わせてもいけません。

❸ひとつの考えをひとつの段落に

　さて実際に自分で文章を書き，段落を区切るときに迷ったことはありませんか。「どこで段落を区切ればいいのか，わかりません」。そういう声が聞こえてきそうですね。

　段落の区切り方がわからないと思ったときには，ひとつのまとまった考えを段落という単位で区切るのだと考えてみてください。端的に言えば，ひとつの考えでひとつの段落を構成するというやり方を覚え，実践して欲しいのです。

　みなさんは「起承転結」という言葉を聞いたことがあると思います。意味はおわかりでし

ょう。自分の言いたいことを紹介し（起），さらに詳しく話を展開させ（承），読者の注意を引くために，効果的な例や，別の論に対する反論を示して見せた上で（転），最後にもう一度言いたいことを主張し，まとめる（結）という手順にのっとれば，比較的簡単に言いたいことを効果的に書くことができます。これを「段落」にも応用してみてはどうでしょうか。

　ただ，いきなり起承転結に注意して文章を書きなさい，と言われても，日頃文章を書き慣れていないと，それはなかなか難しいものです。そこで次の練習をしてみましょう。

漫画を説明してみよう

練習 6-2　次の 4 コマ漫画を読んで，1 コマをひとつの段落として，漫画を説明する文章を書いてみましょう（漫画は植田まさし『コボちゃん』読売新聞 2005 年 2 月 6 日掲載より引用）。

今回の宿題

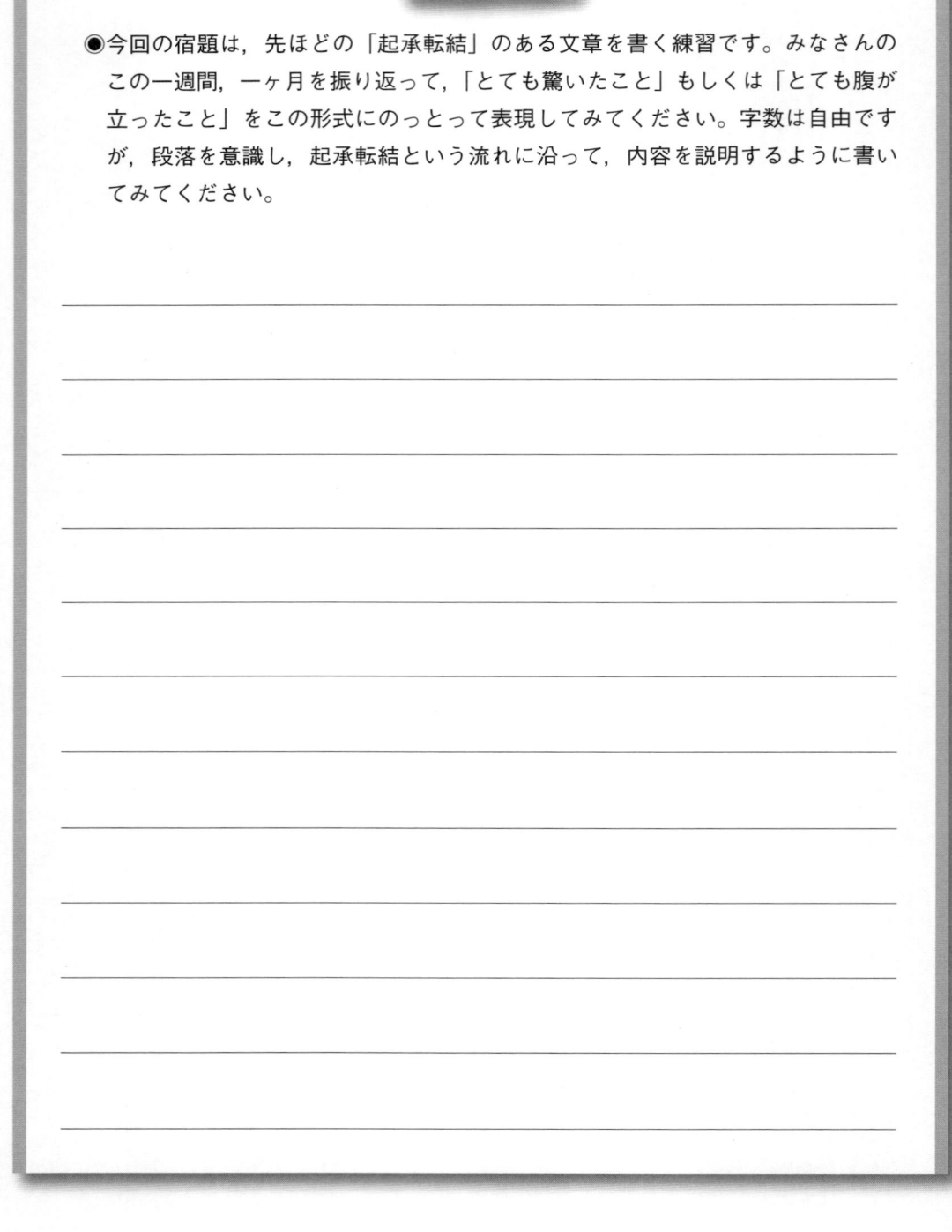

● 今回の宿題は，先ほどの「起承転結」のある文章を書く練習です。みなさんのこの一週間，一ヶ月を振り返って，「とても驚いたこと」もしくは「とても腹が立ったこと」をこの形式にのっとって表現してみてください。字数は自由ですが，段落を意識し，起承転結という流れに沿って，内容を説明するように書いてみてください。

06 段落の区切り方：論文・レポートを書くために 応用編①

07 題名の付け方
論文・レポートを書くために
応用編②

07-01　前回のチェック

　前回の宿題はどうでしたか。自分に起こったできごとを客観的に観察し、その情報を自分なりにまとめ、きちんとした流れのある文章の形にするのはなかなか大変な作業です。文章を書くことは、技術を覚えることはもちろんですが、慣れることも大切なコツのひとつです。文章を書くことを嫌がらずに、例えば、授業中に何か気づいたことをメモするときに、後で見返したときにわかりやすいように心がけるだけでも、文章はずいぶん上達するものです。

ウォームアップ

● さて、今回のウォームアップは以下の三つのことばから一つをテーマに選び、自由に自分の考えを100字程度の文章に書いてみてください。前回のウォームアップは「ことば」の説明でしたが、今回はその「ことば」に対する自分の考えを書く練習です。

①思いやり
②失　敗
③秘　密

● それぞれ非常に漠然とした内容と思うかも知れませんが、みなさんの経験をふりかえり、また見聞きしたことを参考に、これらの「ことば」にまつわる自分の考えを書いてみてください。そして、他の人が書いた文章と比較し、意見の交換をしてみてください。

20字／行×5行＝100字

20字／行×5行＝100字

20字／行×5行＝100字

07-02　題名と主題・目標との関係

　みなさんが目にする文章には，たいてい題名がついています。新聞には，題名の代わりに

見出しがあります。毎朝，新聞に目を通すとき，まず見出しを見て，面白そうな記事から読んでいる人が多いのではないでしょうか。時間に限りがあるわたしたちは，見出しを見ることで，記事の内容を大まかに知り，優先順位をつける作業をしています。文章には題名が不可欠であり，内容を反映した題名をつけることはとても重要です。特に理工系の論文・レポートの場合は，自分の研究の仮説や問題点が，明確に題名に出なくてはいけません。

　レポートや論文の提出を要求される場合，すでに主題（テーマ）が決められている場合もありますが，そうでない場合が多いはずです。決められていれば，例えばその大きな主題の中から，自分の書きたいと思うことをより具体化し，題名を決めていけば良い訳です。もし主題が決められていない場合は，自ら主題をより明確にし，題名を決めなければいけません。

　つまり，題名を考える作業というのは，これから書くことになるレポートや論文の論理を考える作業や内容を詰めていく作業と同じように重要なものだといえます。ちなみに，第10章では「題名」を「主題名」と「副題名」にわけて，詳しく説明しています。ここでは，一般的な「題名」という表記を使い，話を進めていきます。

　それでは，実際に題名を決める場合に何が最も大きな手がかりの作業になるでしょうか。ここでは，木下是雄の『理科系の作文技術』の方法論を参考に，手がかりをあげたいと思います。

❶「目標規定文」を書いてみよう

　木下は，文章を書くときの重要な作業として「目標規定文」の作成を勧めています。この「目標規定文」は，題名を考えるときにも助けになるはずです。

　木下はこの「目標規定文」について，「主題をはっきり決めたら，次に，自分は何を目標として文章を書くのか，そこで何を主張しようとするのかを熟考して，それを一つの文にまとめて書いてみること」と述べています[1]。

　木下が示す例を見てみましょう。

> 　技術部員が「空き缶を資源として活用する方法」の調査方法を命じられたとする。これはなかなか大変な調査で一年以上かかるかもしれない。その報告の執筆は，調査結果を整理・熟考して，例えば次のような目標規定文をまとめることから始めるべきである：この報告は，「いま最も有望な空き缶利用法は，空き缶を，銅鉱山でバクテリア・リーチングによって鉱水から銅を回収する際に必要な鉄スクラップとして使うことだ」と主張するために書く[2]。

　「目標規定文」をよりわかりやすく言い換えれば，これから文章の書く際の「目標」です。この文章によって，主題に関わる何らかのことを「証明」し，「仮説を検証」する場合の，具体的な目標といえます。木下も言っているように，とくに理工系の文章を書くときには，す

でに調査や研究が終了し，そこでわかった事実に関して報告が行われるという手順を踏むのが通常です。この文章で行なう報告の作業を，常に道筋が外れないように，主題の中でもとくに注目した事項を，「目標規定文」という具体的な形で示しておくのです。

しかしながら，文章を書き進めていけば，論理展開に不満が出てくることもあります。この「目標規定文」さえも修正する必要が出てくるかもしれません。そのようなときには，修正を施し，文章全体を再検討しながら，執筆を進めていきます。

肝心の題名についてですが，これまで述べてきたように，この「目標規定文」には，文章の内容が集約されていることを思い出してください。この「目標規定文」の検討や修正にそって，題名をつけるのが，もっとも簡単で，もっとも効果的な題名の付け方といえるのです。テーマ（主題）が先か，題名が先か，それはどちらともいうことはできません。両方の検討を進めることで，文章全体がさらに磨かれていくことになるのです。

❷題名は文章の「顔」

野口悠紀雄は『「超」文章法』のなかで，題名の大切さを次のように書いています。

> 2002年の2月初め，田中外相の辞任に伴って小泉内閣の支持率が急落した直後，小泉純一郎首相が施政方針演説を行った。次の二つは，これを報道する夕刊一面のトップの見出しである。
>
> A新聞「小泉語，消えた。聖域なき構造改革も，郵政民営化も」
> B新聞「デフレ阻止へ強い決意。構造改革揺るがず」
>
> この二つは，非常に対照的だ。A紙は，演説に対する明確な評価を伝えている。つまり，メッセージ性が明確なのである。これに対してB紙は，施政方針演説が強調した点を書いているだけなので，支持か批判かが，はっきりしない。どちらが「読みたくなる記事」かと言えば，どうしてもA紙になる[3]。

野口が指摘するとおり，両紙とも演説の内容を要約しています。しかし，明らかに独自の「メッセージ」が感じられるのはA紙の方です。

題名は内容や主題を含んでいるだけではなく，その文章の持つ独自性が強く感じられるものでないと，見出しとしては十分とは言えないのです。論文やレポートを書くのは，自分が研究の中で仮説を提唱したり，問題点を提起するという動機があるからです。そのため，他の人が書いた文章との差別化を行うためには，自分のメッセージも反映した題名をつける必要もあります。

題名をつけてみよう

◉まずは自分の文章に題名を付ける前に，慣れるために，すでに書かれた文章に題名をつける練習をしてみましょう。
◉手順としては逆になりますが，短い文章を読み，筆者の言いたいことに注目し，文章が発するメッセージを読み取るのです。その上で，自分なりの題名をつけましょう。
◉次の練習 7-1 に取り組んでください。終わったら，その後の説明を読んでみましょう。

練習 7-1 題名をつけてみましょう。

　　私たちのステレオタイプ的な思考が現実をゆがめているのは，考えてみると恐ろしいことだ。そして，そのステレオタイプを作る大きな要素は，そこで使われていることばである。
　　何の気なしにおしゃべりをしていても，そこで使われることばによって，私たちの気持ちはいつのまにか影響を受けている。聞かされたことばから，勝手なイメージを作りあげてしまう。「この人は女性的だ，男性的だ，やさしそうだ，怖そうだ……」など。
　　特にマスコミによって大量に流されることば，その内容がどうであるかということもあるけれど，そこで使われることばによって，固定観念とか偏見とかいうようなものを，勝手に受け手の中に作り上げてしまう。そして，作り上げられたイメージによって，会ったこともない人について，勝手な思いこみで，わかったような気にさせていく。
　　自分のことを何と言うか，文の最後の終助詞にどんなことばを使うか，和語や俗語を使うかどうかは，記者や翻訳者が勝手に作れる部分だと思われていて，たとえば故ダイアナ妃が友人に語ったことについて，
　「わたくしは今度離婚することを決意しました」
　と訳すか，
　「アタシ，今度別れるのよォ」
　と訳すかで，読者のダイアナ妃に対する感情が決められてしまう。英語ではちがいがないのだから，どっちを言ったというわけではないのだ。
　　気をつけないと，私たちはことばによってだまされてしまう。

（金田一秀穂『新しい日本語の予習法』[4]）

07 題名の付け方：論文・レポートを書くために　応用編②

*memo

●自分なりの題名

07-03 【解説】練習 7-1

❶キーワードをみつける

　題名をつけるためには，文章の中で何が書かれているのかを的確につかまなければなりません。その方法として，文中に何度も出てくる語句，「キーワード」を拾う方法があります。

　練習 7-1 の文章で，中心になっている語句はもちろん「ことば」です。しかし，題名をそのまま「ことば」にしたのでは，内容を表してはいるものの，話の焦点が広がりすぎてしまいます。

　たとえば，その次に多く使われていることばをみつけてみましょう。

　そうすると「ステレオタイプ」「勝手な」「固定観念」「偏見」などということばが多く使われているのに気づきます。こうした「ことば」に対する，特定の感情を表すようなことばを拾い，「ことばの勝手さ」などとしてみても，一般的な議論の繰り返しのような，陳腐な印象しか与えません。

❷キーワードの具体例に注目する

　キーワードに注目することで，内容を反映した題名にすることができました。ただ，内容を表してはいても，著者の言いたいことがまだ表しきれていない場合もあります。そんな場合は，もっと具体的なことばに注目します。先ほどあげた「ことば」につながる語句に，「ことば」を巡る状況についての著者の感情があらわれています。

　この文章で話題になっているのは，現在の「ことば」を巡る状況です。著者はマスコミを引き合いに出し，「ことば」が一人歩きすることの怖さを述べています。

　著者が抱いている「怖さ」は，実は「ことば」からではなく，「ことばを話す人間」から生じていることがみなさんはわかりますか。「勝手」「ステレオタイプ」といったことばは，そうしたイメージを植え付けようとする「人間」に対する著者の批判をあらわしています。

❸著者（自分）のメッセージを生かしてみよう

　著者は，この文章の題名（小見出し）として「ことばのすりこみ」というタイトルを付けています。「ことば」自体に罪はないものの，その使われ方によっては，ことばが人の感情を左右するほどの大きな力を持つということを「すりこみ」ということばで表しているのでしょう。そして，その「怖さ」をみなさんにも知ってほしいと，著者は考えているのです。

　ただ，このような題名はあるものの，みなさんだったら，どのようなタイトルを付けるでしょうか。この題名よりも，より印象的な題名に挑戦してみてはいかがですか。

三段階の練習

● さて、また練習です。次の練習は文章の重要なキーワードを見つけた上で、内容を読み取り、それに対する自分の考えを構築するための三段階の練習です。

練習 7-2 次の文章を読んで、
❶ 「目標規定文」を作りましょう。そして、
❷ この著者の意見に対して、あなたは賛成か反対かのどちらかを選び、理由を説明して下さい。

● 今回はいきなり意見を書き始めるのではなく、先ほどあげた「目標規定文」をまず作り、あなたがどちらの立場をとることを主張するのか、あなたの主張にはどのような理由付けがあるのかなどを、その規定文に入れてみてください。それをその都度参照しながら、文章を完成させてください。

　私語というのは禁止されている。大学での私語が問題になってから何年経つか。しかし、研究室に来た学生などに聞くと、どうして私語をしてはいけないのか、と逆に平然と質問し返してくるものもいる。
　つまらない授業をする教師が悪い、ちっとも聞きたいと思わない、もっとおもしろい授業なら集中できるのだ、云々。
　つまらないのなら出なければいいのではないかと言うと、だって出席取るんだもん、と言う。
　たしかに、つまらない授業をする教師は悪い。某大学で、何気なく大教室のそばを歩いていたら、廊下にまでわんわんと、私語のざわめきが聞こえてきた。教壇では教授が座って、ぼそぼそと何事かを講義しているのだが、誰も聞ける状態ではない。たぶん出席だけは厳しく取っていて、それで学生は来ているのだろう、ほぼ満席。
　学生もかわいそうだけれど、私は立場上、教師の方に同情してしまう。いくら注意しても、たぶんだめだったのだ。どうして自己嫌悪に陥らないのか、仕事をやめたくならないのか不思議なほどだった。
　教室では、話す人と聞く人の役割分担がはっきりと分けられている。聞く人は、許可がない限り、話す人になれない。主導権は教師が握っている。
　しかし、聞くだけというのは、疲れてくる。「噺家殺すに刃物はいらぬ、欠伸のひとつもすればよい」というのがあるが、話す人にも責任があって、退屈させないだけの技術

を持つべきだし，学生のわかりが悪いというのなら，彼らにわかるように話せる技術がなければならない。

　しかし，とりあえず，私語はいけない。ほかの人が会話の主導権を握っているときは，それを勝手に奪えない。授業はそのような場なので，聞き役にしかなれない。どうしても聞いているのがつらいのなら，せめて他人の迷惑にならないように静かに内職をするとか，眠っているとかしたほうがいい。音のでない携帯メールもあるではないか。

　私語は，テレビの影響であるという。テレビを見ながらご飯を食べる。テレビを見ながらツッコミを入れる。テレビを見ながら電話をする。遠くで先生が話しているのは，テレビを見ているのと同じなのだ。教室の先生はテレビタレントのように，遠い存在なのだ。テレビは私たちに話しかけているように見えるけれど，実際はそうではない。教室の先生も，私たちに話しかけているように見えるけれど，そうではないような気がする。そして，学生は席ですっかりリラックスしているのだ。

　実をいうと，私語は学生だけのものではなく，教師同士の会合になると，もっと私語がひどい。学生のことを言えない。PTAもひどい。子供のことを言えない。大人は，聞くだけという状況に慣れていない。まして教師は，何かを話したくてうずうずするらしい。

　若者のマナーを云々（うんぬん）するのは楽しいけれど，そんなことを言えるのかどうか，大人も自分のことをまず振り返ってほしい。　　　　（金田一秀穂『新しい日本語の予習法』[5]）

● **目標規定文**

_____

_____

_____

_____

_____

●　賛成　／　反対

07 題名の付け方：論文・レポートを書くために　応用編②

●賛成／反対の理由

今回の宿題

- 今回の宿題は題名を付けて，字数制限のある文章を書くことです。
- ただし，テーマは「自己紹介」で書いて下さい。題名には「自己紹介」という言葉は使わずに，自分なりに工夫した題名をつけてみて下さい。
- 字数は手始めに 400 字とします。多少前後しても構いませんが，できれば起承転結の流れも意識しながら書いてみて下さい。
- 次回の授業ではこの文章を使いながら，よい文章を書くコツをさらに詳しく考えていきます。

- 題　名

_____

_____

*memo

_____

_____

_____

_____

_____

_____

20字／行 × 20行 = 400字

08 ある程度の長さの文章を書いてみる
論文・レポートを書くために
実践編①

08-01 前回のチェック

　前回の宿題はきちんとできましたか。「自己紹介」は，自分のことをテーマに書くため，これまで書いてきた文章よりも書きやすかったかも知れません。

　まずは，順番にみなさんが書いてきた文章を読み上げて，他の人に聞いてもらいましょう。そして，何が良く伝わってきたか，またどんな点が伝わりづらかったのか，などを話し合ってみて下さい。

*memo

_____

_____

_____

_____

_____

_____

ウォームアップ

- 今回は少し角度を変えて，文章を書いてみましょう。
- 次のようなことを想像してみて下さい。あなたは誰かからとても褒められたとします。今回は，その誰かがあなたを褒めているという設定で文章を書いてみて下さい。自分を客観的に見つめ，きちんとした褒め方で相手が書いているという設定で文章を書いてみましょう。

- 書き終わったら，他のみなさんと読んでみましょう。自分の長所はいったいどんなところなのか，客観的にとらえられたでしょうか。

ある程度の長さの文章を書いてみる

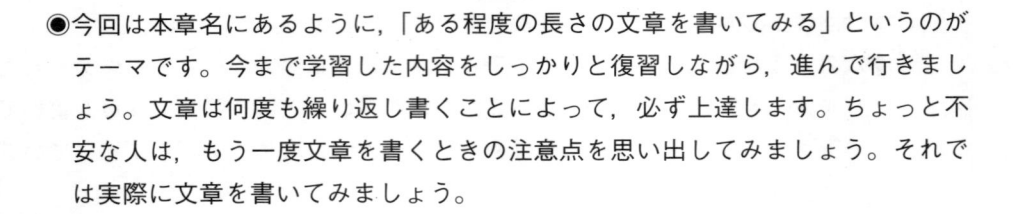

● 今回は本章名にあるように,「ある程度の長さの文章を書いてみる」というのがテーマです。今まで学習した内容をしっかりと復習しながら, 進んで行きましょう。文章は何度も繰り返し書くことによって, 必ず上達します。ちょっと不安な人は, もう一度文章を書くときの注意点を思い出してみましょう。それでは実際に文章を書いてみましょう。

練習 8-1 今回の課題は「自己紹介」です。と言っても, 前回の宿題で「自己紹介」は書いてもらいました。今回は, その「自己紹介」から出身地, 趣味, 所属クラブなどを省いた上で, もう一度その「自己紹介」を再構成して下さい。

● この練習の目的は, 自分を見つめながら, 自分の中でどんな要素が特徴として書けるのか, 考えることにあります。独りよがりの文章では, 読み手に理解してもらえません。将来の友人にきちんと自分のことを理解してもらえるよう, ていねいに内容を考えて下さい。第1章で述べたエントリーシートにも書けそうな中身になっているはずです。

*memo

_____

_____

_____

● みなさんは, いきなり原稿用紙に向かうのではなく, 最初に別の紙に, 自分の考えを箇条書きにしてもいいでしょうし, 簡単な文章のメモを書いてみてもいいでしょう。この文章は, 誰に向けて書く文章なのか, もう一度思い出してみてください。手紙や日記ではありませんね。これはレポートです。段落や, 文章の流れ(起承転結)を意識して, 文章の大まかな構成を考えたら, 実際に文章を書き始めてみましょう。

08 ある程度の長さの文章を書いてみる：論文・レポートを書くために　実践編①

20字／行 × 20行 = 400字

20字／行 × 20 行 = 400 字

08-02　書き終わったら

●読み返してチェックしよう

　早い人はもう文章を書き終えてしまったかもしれませんね。そんな人は，第5章05-01に出したチェックリストを使いながら，もう一度文章を読み返してみましょう。表記は大丈夫ですか。文章はわかりやすくなっていますか。段落はきちんとつけられていますか。書いているときには気づかなかったことは，読み返すことによって見えてくることがあります。余裕があれば何度も読み返し，確認することで文章をより確かなものにしていきましょう。

●自己チェック欄

☐ _____

☐ _____

☐ _____

☐ _____

☐ _____

☐ _____

☐ _____

☐ _____

☐ _____

☐ _____

09 自分の日常を文章化してみる

論文・レポートを書くために
実践編②

09-01　前回のチェック

　前回みなさんに書いてもらったレポートは，教員の添削が入っています。添削された部分をもう一度読み返してください。修正すべき部分には赤線が引いてありますが，どのように修正するべきか，具体的には書いていません。なぜその点を修正しなければいけないのか，まずは自分で考えてみましょう。わからなければ辞書を使って調べてみましょう。また，他の学生と一緒に議論してみましょう。

ウォームアップ

- それでは，今度はお互いに書いた文章の読み合わせをして，互いに添削をしてみましょう。人の書いた文章を読むと，自分との違いがよりはっきりしてきます。また，参考資料として一般的な校正記号（添削の際に赤色で記入する）を掲載しておきます。
- 自分の文章とはどこが違い，どこを参考にすべきなのか。逆に，自分の文章と比べると，どこがわかりづらいのか。自分ではわからないところを第三者の目で見てもらい，これから書く文章の参考にしてみましょう。

*memo

09 自分の日常を 文章化してみる：論文・レポートを書くために：実践編②

校正記号表

日本工業規格 JIS Z 8208-1965　主記号は単独で用いるものもあるが、併用記号の番号を添えたものは、その番号の記号と組み合わせて用いる．

表1 主記号およびその意味					表2 併用記号およびその意味		
番号	記号	意味	併用記号	使用例	番号	記号	意味
1.1		文字，記号などをかえ，または取り去る．	2.1〜2.5	aspback revive	2.1	トル	文字，記号などを取り去って，あとを詰める．
1.2		書体または大きさなどをかえる．	2.6〜2.9 2.13〜2.18	lower Roman	2.2	トルアキ	文字，記号などを取り去って，あとをあけておく．
1.3		字間に文字，記号などを入れる．	2.4, 2.5	omison comma	2.3	イキ	訂正を取り消す．
1.4		転倒した文字，記号などを正しくする．		reverse	2.4		句点・とう点・中点・ピリオド・コンマ・コロン・セミコロン
1.5		不良の文字，記号などをかえる．		broken	2.5	オモテ ウラ	表ケイ ——— 裏ケイ ———
1.6		右付き，上付きまたは下付きにする．		my Dr	2.6	ミン	みん(明)朝体 (例：書体)
1.7		字間，行間などをあける．	2.10〜2.12	more space insert space	2.7	ゴ	ゴシック体 (例：書体)
1.8		字間，行間などを詰める．	2.10〜2.12	off set Use less space.	2.8	アンチ	アンチック体 (例：ふと，フト)
1.9		つぎの行へ移す．		to next line	2.9	ポ	ポイント (例：8ポ)
1.10		前の行へ移す．		Remove to fore.	2.10	□	1字ぶん(全角)のあき．
1.11		行を新しく起こす．		end. New	2.11	倍	全角の倍数をあらわす．(例：3倍)
1.12		文字，行などを入れかえる．		transfer the lines Replace	2.12	分	全角の分数をあらわす．(例：4分)
1.13		行をつづける．		end. Next	2.13	大 または cap	(欧文)大文字 (例：TYPE)
1.14		指定の位置まで文字，行などを移す．	(1.15と併用してもよい．)	down up	2.14	小キャップ または s.c.	(欧文)スモールキャピタル (例：TYPE)
1.15		指定の位置まで文字・行などを移す．	(1.14と併用してもよい．)	right left	2.15	小 または l.c.	(欧文)小文字 (例：type)
1.16		字並びなどを正しくする．		crooked	2.16	ローマン または rom	(欧文)ローマン体 (例：Type)
1.17		(欧文)大文字にする．	(2.13と併用してもよい．)	Capital capital	2.17	イタ または ital	(欧文)イタリック体 (例：*Type*, *Type*)
1.18		(欧文)スモールキャピタルにする．	(2.14と併用してもよい．)	small Small	2.18	ボールド または **bold**	(欧文)ボールド体 (例：**Type**, **Type**)
1.19		(欧文)イタリック体にする．	(2.17と併用してもよい．)	italic nkW	備考 表2のなかに示していない種類の書体，ケイなどを指定する場合には，正しい名称を用いる．		
1.20		(欧文)ボールド体にする．	(2.18と併用してもよい．)	bold bold			

自分の日常を文章化してみよう

- 今回のテーマは「日常の不満」です。身の回りにあるできごとで，みなさんが日常的に考えている不満を，今日は文章化してみましょう。
- 不満というのは，感情と論理の軋轢（あつれき）から生じるものです。単に不満だと思っている間は，不満はなかなか解消されません。自分の中にある考えと，その不満を抱えている対象の何が相容れないのか，自分で考えることによって，自分の考えを客観的に知ることができます。
- また，不満とは，言い換えれば，自分の内面と社会との関わり方の有り様です。社会の中で自分がどのような位置にいて，どうして不満を抱えているのか，理解することは，研究活動や就職においても，これからとても重要になっていきます。
- それではさっそく課題に取り組んでいきましょう。

練習 9-1 日常の不満について書いてみよう。

①まずは「日常の不満」という題名で 400 字程度の文章を書いて下さい。書き方はこれまでのやり方を踏襲して下さい。メモを取りながら，構成を考え，読み手に理解してもらいやすいよう考えながら，文章に取り組んでみて下さい。

②文章ができあがったら，いつものように発表をしてみましょう。お互いにどんなことに不満を抱えているのかがわかると，お互いの考えについて理解が進みます。もしかしたら，自分が抱えている不満は他の人にとっては不満ではないかも知れません。そして，そこに解決の糸口があるかも知れません。

③十分に話したら，今度はどうしたらその不満を解決できるのか，400 字程度で文章を書いてみて下さい。自分が価値観を押しつけてはいないか，本当にそれが解決と言えるのか，よく考えながら，同時に自分の考えを展開できているかどうかもよく吟味しながら，文章を構成して下さい。

④書き終わったら，再びお互いの文章を発表して，議論してみましょう。議論の際には，他の人が問題をどのような解決に導いたのか，参考にしながら，自分の考えももう一度練り直してみて下さい。

⑤論文・レポートも，みなさんが調査や実験，研究活動をしながら，「どうしてこれがこのような展開や結果になるのか」，というような疑問に取り組みながら，最初に抱いた感情を，きちんと論理的に文章にするくせをつけてみて下さい。単に「面白い」ではなく，「～だから面白い。それは～」という論理の積み重ねが可能になるよう，じっくりと考えてみて下さい。

*memo

09 自分の日常を 文章化してみる：論文・レポートを書くために：実践編②

20字／行 × 20行 ＝ 400字

*memo

●専門分野の文章にようこそ！

　いかがだったでしょうか。繰り返しになりますが，みなさんが研究活動の中でさまざまな問題に取り組み，「なぜ，このような展開や結果が導き出されるのか」というような疑問をもった場合，そのときに抱いた疑問や感情をきちんと論理的に文章にするくせを付けてみて下さい。そして，先ほども書いたように，単に「面白い」で終わるのではなく，「～だから面白い。それは～」という論理の積み重ねができるよう，じっくりと考えてみて下さい。
　さあ，これで論文・レポートを書くための文章技術の練習は終わりました。これまでの章をもう一度読み返して，今度は自分の専門分野で実践的な文章を書いてみましょう。

Part III

理工系学生のための
テクニカル・ライティング
とプレゼンテーション入門

10 専門的なレポート・論文の書き方

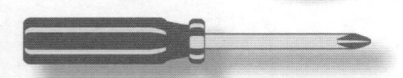

10-01 レポートとは

　レポート（報告書，論文など種々の類別がありますが，ここでは「レポート」と呼ぶことにします）は，一般的に他者からの指示によって書く場合もありますが，特定あるいは不特定の読者を想定して自らの意思で書く場合もあります。しかしみなさんが書くレポートでは，教員の指示に応じて書く場合が多いでしょう。その際の読み手は教員ですが，教員は自身を第3者的な読者と想定して，学生が書いたレポートを読むことになります。その後，評価や判断をして，学生自身の今後のレポート執筆に役立つよう，その結果を学生に戻しているのです。

　大学院生が書くレポートには，指導教員と連名で，専門学会が発刊している学術誌に掲載するための論文なども含まれます。この場合，当該専門学会が定めている書式などは遵守するのは当然ですが，レポートを書く上での多くの共通的・常識的な手順や内容があるので，本章ではそれにふれたいと思います。

　一般的な作文や感想文とは異なり，レポートを書くにあたっての基本的な心がけは，

> ①調査や実験，研究の結果，わかった事実を客観的に筋道を立てて書く。
> ②書き手の意見が要求される場合は，それが事実ではなく意見であることを明確にするとともに，その意見の根拠を示す。

ことが重要です。この事実（情報）と根拠のある意見を，論理的に記述することがレポートの使命ともいえるでしょう。

10-02 学生が書くレポートの種類

一般的には，みなさんが書くレポートの種類は

①読書レポート（感想文）
②観察レポート・見学レポート
③授業レポート・課題レポート
④実験レポート・実習レポート
⑤調査レポート・研究レポート

などに大別できます。これからその説明をしていきましょう。

❶読書レポート

読書レポートは，ある書籍の読後感想の内容を文章にまとめたものです。みなさんもこれまでに読書感想文などとして小学校や中学校，高校などでたくさん書いてきたと思いますが，主に書き手の主観で記述していきます。

❷観察レポート・見学レポート

観察レポート・見学レポートは，ある現象の観察や，工場などの見学をした際に，そこで見聞できた事柄について，客観的に述べながら，それについての主観的な感想を記述するものです。

❸授業レポート・課題レポート

授業レポート・課題レポートでは，講義や演習などの授業において，知識の定着や自分で調べることの重要性の観点から，学ぶべき内容を課題として自習してもらうことを目的としています。したがって，指定されている教科書の予習・復習であったりします。また，関連知識について，参考書や文献を図書館やウェブサイトなどで調べたりして，自分なりのまとめをすることがとても大切です。

内容をコピー＆ペーストしただけでは，なんの学習にもならないことを肝に銘じましょう。さらに，理工系の授業では，文章だけでなく図や表を多く掲載することで，内容が濃いものとなります。このような図表は，ある書籍や文献にオリジナルがある場合も多いですが，レポート中に参考文献や引用文献として，きちんとした形式で参照・表示することに注意しましょう。

❹実験レポート・実習レポート

実験レポートは，ある理論や仮定のもとで，実験装置を使用した**検証**をおこなったり，仮定がなくともどんな傾向を示すかについての**実験**をおこなったりして，得られた結果を図表などの形で表現するレポートです。また，それについて考察を加えた内容となります。実験の基になる理論などは，過去の先人たちによって体系化されていることが多いので，**参考文献・引用文献**の記載をおこなうのが一般的です。

実習レポートは，たとえば**工作機械**などを実際に自分自身で操作して，ものづくりの実習をおこなった後に，その具体的な操作手順や製作結果など実習の全過程の記録や，それを通じて得られた知見などについて記述するレポートです。

❺調査レポート・研究レポート

調査レポートは，ある授業内容（あるいは卒業研究）に関係のあるテーマに対して，**文献**（**書籍，学術雑誌や一般雑誌の記事，ウェブサイト**など）検索や，実地調査なども含めた広い調査活動をした中で，問題や課題を発見し，それを解決するための手段や方法，対策などを提案する内容となります。

研究レポートでは，多くの場合，調査だけにとどまらず，新しい理論や提案する**手段や方法**にしたがってある条件を設定して，問題や課題が解決できるかを実験によって検証した結果を述べることになります。そのため多くの場合，得られた新たな知見がまとめとして記述されます。

調査レポートや研究レポートに，内容の**新規性**や**独創性**が認められるならば（そのためには過去に同種のレポートがあるかないかを調査して，それらのレポートとの違いを述べることも必要です），専門学会が発行する学術雑誌に，いわゆる「**論文**」という形で掲載されることも夢ではありません。このような訓練は，通常，大学院で行います。

本章では，上述の中でも主に❹実験レポート・実習レポート，❺調査レポート・研究レポートの類のレポート（以下，単純に「レポート」と称す）を執筆するにあたっての，基本的な事柄について，紹介していきましょう。

10-03　レポートを書く前に（その1）：用語説明

❶事実と意見

最初に，実験・実習レポートや調査・研究レポートでは，**事実と意見とを混同しない**ようにして，レポートを記述していく必要があるので，「事実」と「意見」について，改めて違い

を説明しておきましょう[1),2)]。

【事実とは何か】
「事実」とは，証拠や具体例をあげて裏付けや根拠を示すことができるものをいいます。ただし，事実を単純に書き間違いすることもありますが，その場合であっても，それは後述する「意見」ではありません。

【意見とは何か】
「意見」とは，あることに対して，人間が下す判断のことです。しかし，これには他者からの同意が得られる場合もありますし，反対される場合もあります。

❷ 仮説・理論・法則

また，レポートを記述するにあたって，実験や調査，研究をしていく上で必要となる「仮説」「理論」および「法則」について言葉の意味の違いを認識しておくと役立ちます[1)]。

【仮説とは何か】
「仮説」とは，真偽のほどは実験結果などから判断するとして，仮に打ち出した考え（意見）のことです。レポートでは，この仮説を支持する根拠や，反対できるような証拠などについて述べることがあります。

【理論とは何か】
「理論」とは，多数の人に容易に受け入れてもらえる域には達していない仮説のことです。しかしながら，証明できる事実があれば，工学的には，事実として扱うことができます。

【法則とは何か】
「法則」とは，すべての人が容認せざるを得ないほどに十分な根拠のある理論のことです。

10-04 レポートを書く前に（その2）：内容と体裁

調査活動や執筆活動を始める前に，レポートの内容と体裁をよくする最低限の条件についても紹介しておきましょう。次のような観点を常に念頭において，執筆をこころがけてください[3),4)]。

① 内容が，設定した課題や意図に沿っているか。
② 一方的な観点になっていないか，視点が偏っていないか。
③ 過度に主観的でないか（客観的であるか）。
④ 過去の文献の調査や検索が十分であるか，適切に参考文献や引用文献として明示されているか（引用をしているか，盗用になっていないか）。
⑤ 要旨に一貫性があるか，論理に飛躍はないか。
⑥ 書式や執筆要綱が定められている場合，それを遵守しているか。
⑦ 適切な図表による表現とそのレイアウトで，読者に分かりやすくなるような工夫がされているか。
⑧ 用語や記号の定義が明確か。
⑨ 起承転結が明確で，文章は読みやすいか，またわかりやすいか。
- 見出しをつけて，区別がされているか（章・節・項など，それぞれの番号や名前）。
- 常体で書いているか（たとえば，「〜である」のように）。
- 話し言葉はつかっていないか（たとえば，「なので」ではなく「したがって」）。
- 誤字・脱字がないか。
- 適切な段落設定がなされているか。
- 文章の主語や述語の関係は明確か，接続詞などの基本的な使い方が適切であるか。
- 「てにをは」の使い方は適切か。
- またさき文になっていないか（主語と述語の間に多くの文字があり，その関係が読み取りづらくなっていないか）。
- 適切に句読点があるか。
- 一つの文章の文字数は，可能な限り少ないか。
- 一つの文章でいっていることは，ひとつになっているか。
- 一つの段落で主張したいことは，ひとつになっているか。

そのほかにも，細かいことをいえばきりがありませんが，まずは書いてみて，経験を多く積んだ人の目で見てもらって，自分自身のスキルを向上させていくほかに手はありません。失敗が多いほど，学びも多いものです。チャレンジしていきましょう。

10-05　レポートを書く前に（その3）：資料収集と利用の作法

① 資料の必要性

さて，徒手空拳で白紙に向かってレポートを書こうとしてもそう簡単に書けるものではありません。それでは，書くための材料として何が足りないのでしょうか。

10 専門的なレポート・論文の書き方

【資料収集の重要性】

　一般的に，レポートを書き始める前に関連する資料（関連情報）を収集することで，いま取り組んでいるものごとについても，多様な考えや方法があることに気づきます。またそのことが，自分なりの考えを新たに生み出す源にもなりえるということを，まず意識しましょう。

　また多くの情報が手元にあるほど，自分が書くレポートの内容や質を高めることができます。さらに，他者の情報を引用したり，参考にしたりすることで，例証が多くなり説得力も増し，述べたいことに一般性や客観性をもたせることもできるのです。したがって，レポート執筆前に十分過ぎるほどの資料を収集することには，大きな意味があります[4), 5)]。

❷資料の種類と入手先

　資料の種類は一般的に，①文献資料，②新聞記事やパンフレット・カタログ資料，③自作資料，の３つに大きく分けることができます。それらの詳細と，その入手先を示します。

①文献資料
- 辞典・事典（電子的なものも含む）（各自の所有物，図書館など）
- 専門書（日本語・英語）（各自の所有物，図書館，一般書店など）
- 学会誌（学術雑誌）・一般雑誌・紀要（日本語・英語）から類似する研究成果（図書館や当該学会事務局など）
- 政府刊行物・年鑑（図書館など）
- ウェブサイト（インターネットでキーワード検索）
- 図書館蔵書目録（通常，図書館外でも電子的検索が可能）
- 専門書・学会誌記事などの参考文献欄に紹介されている文献など

②新聞記事やパンフレット・カタログ資料
- 過去の新聞記事は縮刷版の目次・索引（図書館など）
- 新聞記事の切り抜き（自分でスクラップブックに整理）
- パンフレットやカタログは，店頭配付物や企業等から入手（無料）

③自作資料（訪問・見学・体験・面談資料など）
- 情報を提供してもらうためにどこかを訪問した場合の打ち合わせメモ
- 何を見聞するか・体験するかの事前計画にしたがって，見学や体験をした際のメモ（気づいたら，すぐにメモできる体勢で臨む姿勢が重要である）
- 許可される場合は，写真やビデオ撮影した映像録画資料や録音資料

　上述のような資料収集活動中などに，さまざまな感想，コメント，考えなどが頭に浮かぶこともあります。忘れないうちに書いて残すという習慣をつけましょう。

❸ 資料の整理

また，資料は収集・蓄積するだけでなく，整理することによってはじめてその価値が発揮されます。

【項目を整理する】

関連ある役立ちそうな資料が見つかったら，一つの資料ごとに，ルーズリーフ形式の整理専用ノートの1ページに，次の項目を記入しておきましょう。必要なら該当部分のコピーをして，別途保存することも必要となります。収集した情報は，後で類似の情報ごとに整理し直す際に，並べ替えられることが大事なので，ルーズリーフ形式のノートがよいでしょう。図書館以外の情報収集場所として，街なかの大きな書店に出かけてゆくのも，何か発見があるかもしれません。

> ①図書記号や雑誌記号（一定のルールにしたがって付けられている当該図書あるいは雑誌のもつ記号）あるいはISBN番号など。インターネットの場合は，ウェブサイトURL（http://　以下の部分）
> ②著者名（全員分をフルネームで）
> ③雑誌記事の場合は題目名，書籍の場合は書名
> ④雑誌記事の場合は掲載雑誌名，書籍の場合は出版社名
> ⑤雑誌あるいは書籍が出版された年（可能であれば月日も）
> ⑥ページ数～ページ数（図書の場合は，関連情報が掲載されている部分の最初のページ数と最後のページ数。また文献の場合は，雑誌の中でその題目の記事が掲載されている最初のページ数と最後のページ数。年間の通しページ数で表示する）
> ⑦自分のレポートでこの資料を引用あるいは参考にする場合，いくつかのキーワードや要約文（箇条書き）あるいは原文通りの文章や図・表を書いたり，コピーを切り貼りしたりしておく

なお，②から⑥を書誌事項といいますが，事前に与えられる場合も多いと思いますので，今の段階では⑦の事項を自分なりに作成することが要求されます。文献の**書誌事項**は，レポートの末尾にまとめて記述されますが，その記載の具体例は，次の通りです。また，本文中では，引用・参考にされる順番に番号が振られて，

> このような上付文字 [1], [2] で示されることが多い [3]。図1は，……を示している [4]。

(a) △△△　　　　　　　　　　　(b) ×××

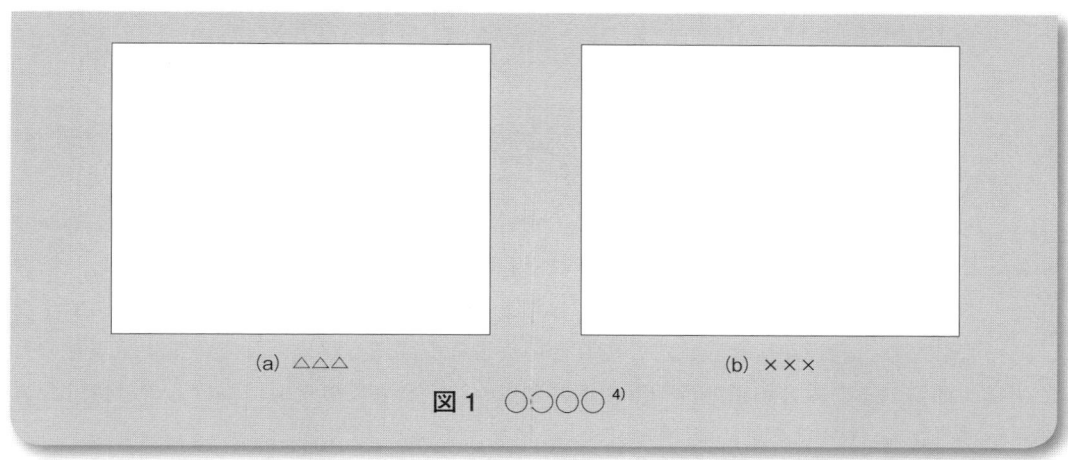

図1 ○○○○ [4]

のようになりますので確認してください．書籍の場合の一般的な基本は，次のようになります．

> X) 書籍を記した著者（場合によっては編著者）全員分のフルネーム：書籍の名前，出版社名，（西暦出版年月日），pp. 該当する先頭ページ数 - 最終ページ数．

さらに，具体的には，次のようになります．

> 1) 金田　徹：3次元CAEツール【COSMOSシリーズ】によるSolidWorksアドオン解析ツール利用入門，技術評論社，（2008年4月25日），pp.19-32.
> 2) G. Pahl, W. Beitz, J. Feldhusen and K. H. Grote: Engineering Design – A Systematic Approach, Third Ed., Springer - Verlag London Limited,（2007），pp.9-25.

雑誌の場合の基本は，次のようになります．

> Y) 記事を執筆した著者全員のフルネーム：記事の題目，掲載雑誌名，当該雑誌の巻数，号数，（西暦発行年月日），pp. 記事の会誌ページ数 - 最終ページ数．

さらに，具体的には，次のようになります．

> 3) T. Tsukada and T. Kanada: Measurement of Cylindrical Form Errors Using a Noncontact Detector, Precision Engineering, 4, 3,（1982），pp.153-158.
> 4) 金田　徹，阿久津　敏乃介，辻森　淳，武田　克彦：関東学院大学工学部機械工学科における実践例（LEGO MindStorms Robotics Inventionを利用したPBLによる教育課程），人工知能学会誌，21, 5,（2006），pp.543-552.

ウェブサイトの場合の具体例は，次のようになります。

> 5）全日本学生フォーミュラ大会ウェブサイト　http://www.jsae.or.jp/formula/jp/
> 　　（2011年5月14日参照）

なお，ウェブサイトには，誰でもいつでも開設・閉鎖できる性質がありますし，場合によっては内容の信頼性に問題があるかもしれません。したがって，突然，アクセスできなくなっていたり，内容が変更されていたりというような問題も秘められています。現在のところは，閲覧できる内容の信憑性や継続性の観点から，参考文献として挙げるのは避けた方がよいでしょう。

❹仮の結論の設定と実験計画・調査計画

【理工系のレポートと文系のレポートの違い】

理工系のレポートでは，レポートを書こうとする時はすでに調査や実験は終了していて，主な内容となるべき情報は，すでに存在しているのが普通です。

一方，文系の研究レポートでは，課題が与えられた時に，はじめて研究・調査活動が始まるのが実情でしょう。また，調査の対象は図書や雑誌，時事問題なら新聞やニュースなどとなります。

【執筆前に考えておくべきこと】

いずれにしても，レポートを執筆する前に，仮の目標（主題）や結論を想定して，情報収集をはじめなくてはなりません。調査や実験などの進行によって，仮の目標や結論は修正されることも多いものです。このようなことも踏まえて，結果の予測をもった上で調査や実験の計画をすれば，執筆作業を効率的に進めることができるでしょう。

❻資料の引用と盗用

前にもふれましたが，資料の「盗用」とは，他者の記述した文章や図表などを，単純に流用するということだけでなく，その事実を隠して，その文書や図表が自分によって書かれたようにすることを指します（☞ 05-04 参照）。あるいは，文章や図表そのものでなく，他者の提案内容や成果を自分が導き出したようにすることも含まれます。この行為は，過失であっても知らなかったでは済まされない性質のものであり，法律により罰せられることも多いので厳重な注意が必要です。

それでは，「盗用」しないで，他者の文章や図表（著作物）などを自分の書くレポートに使いたい場合は，どうすればよいのでしょう。これも以前ふれましたが，「引用」という簡単な手続きを踏めば問題はなくなります（☞ 05-04 参照）。すなわち，他者の著作物内容を利用し

たい場合は，引用の正しい方法を知ればよいのです。このとき，著作権法を念頭におかねばなりません。

この法律においては，『公表された著作物は，引用して利用することができる。この場合，その引用は，公正な慣行に合致するものであり，報道，批評，研究その他の引用の目的上，正当な範囲内で行われるべき』とされています。ここで，著作権法から引用されている部分として，『　』でくくることで目立たせていますが，実はこれも引用の実際の技術なのです。ここで言う，「公正な慣行」，「正当な範囲」の具体的な指針としては，①引用文が400字以内，ないしは②引用文が自分の書く全文の2割以内，を目安にすればよいでしょう。

このような正当な範囲を超える場合は，当該著作物の著作権者に申請を行い，許諾を得る必要があります。また，理工系の研究論文において図・表・写真等を他の著作物から転載する場合にも，許諾が必要ですし，これらを怠ると，著作権法違反として訴えられることさえあります。学生の場合，盗用で成り立ったレポートは，いわばカンニング行為の成果とも捉えられかねませんので，厳重な注意が必要です。

引用とまではいかなくとも，自分が文章や図表を書くにあたり参考になった場合も，引用と同様に，その原典の書誌事項を，❸資料の整理で述べたように，本文中で表示すると同時に本文末尾に一覧で記述しなければなりません。

10-06　レポートを書く前に（その4）：テーマと構成を決めよう

❶主題（テーマ）と主題名

【①主題や主題名が与えられている（決められている）場合】

教員からの指示や相談などにより，レポートを執筆する前の時点で，ある程度そのレポートで扱う主題（テーマ）あるいはそれを端的に表現した主題名が決まっている場合，収集した資料内容を考慮しながら，必要に応じて若干の変更や修正を行うとよいでしょう。さらに，**主題名**（メインタイトル）を補足する意味で，**副題名**（サブタイトル）をつけることで，インパクトがより大きくなる場合もあります。

【②主題や主題名を自分で決める場合】

教員から，テーマは自由に自分で決めるような指示があった場合，とりあえずおおまかにテーマを設定し，それに応じた資料（情報）収集とその整理をすることになります。集めた資料を読み，自分の考えを煮詰めていきながら，参考になる他者の考え方や成果を得て，自分が書くレポートへの引用材料とすることを検討しましょう。

このようなことを繰り返して，取り上げるべき考えや**事柄**，**事例**，**専門用語**などとともに，自分で考えた思惑などの内容も，記憶のあるうちにメモ（記録）していきます。そうするこ

とによって，自ずと仮設定したテーマの全体像が少しずつ明確になってくるでしょう。さらに，修正や変更を加えながら，最終的なテーマ（主題）とともに，主題名や副題名を決定すればよいのです。

❷レポートの構成

　主題名や副題名が決まったら，本文を書いていくことになります。本文の構成は，従来から，「序論・本論・結論」型や，本文全体の抜粋ともいえる概要が先頭にある「概要・序論・本論・結論」型があります。それぞれに記述されるべき内容は次の通りです。

> ①序論（後述する主題文）の内容
> 　(a)問題・話題は何か。
> 　(b)なぜ，その問題を取り上げるのか。
> 　(c)問題の背景
> 　(d)従来からおこなわれている，この問題に関する研究・調査結果の紹介
> 　(e)どんな調査・研究をここでおこなうのか。
> ②本論の内容
> 　(f)調査・研究・実験などのやり方
> 　(g)その結果
> 　(h)結果の考察，他の結果との比較検討，結果の理由や吟味など
> ③結論の内容
> 　(i)結果を簡潔に列挙
> 　(j)それに関する根拠のある意見
> 　(k)将来の展望
> ④概要の内容
> 　書く位置としては主題目（副題目）の次で，序論の前に書く。実質的には，序論・本論・結論を書き終えた後に，概要の内容を検討する。どんな問題について，どんな目的で，どんな方法で，調査・研究・実験をおこなったか，さらにその結果，明確になったことを具体的に列挙し，最後に主張すべき意見を述べる。序論・本論・結論の部分を読まなくても，最低限のことは概要でわかるように書く。

　以上をふまえて，全体を各部分に区切って，それぞれに見出し番号（章番号・節番号・項番号など）や見出し（章名・節名・項名など）をつけ，読者にとっても流れを見やすくして，内容を理解してもらいやすいように構成しましょう。典型的な例を次に示しますが，必要に応じて調整が必要です。なお，「謝辞」や「参考文献」あるいは「引用・参考文献」には，章番号はつきません。

1　はじめに
- 「1」が章番号で，「はじめに」が章名である。「はじめに」の代わりに，「緒言」「序論」も使われる。

2　○に関する理論
2.1　○○
- 「2.1」が節番号で，「○○」が節名である。
2.2　○○
2.2.1　○○○
- 「2.2.1」が項番号で，「○○○」が項名である。
2.2.2　○○○
2.2.3　○○○
(1) △
(2) △
(a) △△
(b) △△

3　○に関する実験

4　実験結果および考察

5　おわりに
- 「おわりに」の代わりに，1章名に応じた対句として「結言」，「結論」も使われる。

謝辞
- 必要に応じて記述する

引用・参考文献
- 10-05 に記述した通りである。本文中にも上付き文字（右カッコ付き）で出現順に表示する。

※ページの最下行が見出しになるような場合，その見出しは意図的に次のページの先頭行に送ってください。

10-07 レポートを書く前に（その5）：図（写真）・表・その他

❶図（写真）・表 の利用

　レポートに掲載する図（写真は図として扱う）および表には，必ず，図の下に図番号と図名を，表の上に表番号と表名をつけましょう。このとき，図番号，表番号は一貫した通し番号をつけます。とくに**執筆要領**が定められていなければ，一つのレポート中の図や表の内容および図表番号，図表名はすべて同一言語で書きます。

　調査あるいは測定や実験で得られたデータは，そのまま数値の羅列として表の形式で表すよりも，図として表現したほうが，読者にはデータが示している全体的な傾向が掴みやすくなります。しかし，そのような図が何枚もあるような場合，すべてをレポートに掲載しても，紙面の無駄になることもあるでしょう。その場合には，一つの図を一事例として掲載するか，何枚もの図からいえることを，別の1枚の図で表現し直すと非常にわかりやすくなります。このような図が描けるような工夫と努力をしてみましょう。また図表を掲載した場合は，本文中で，その図番号あるいは表番号を利用した説明文を必ずつけます。

❷図や表の利用例

　以上を踏まえた例を次に示します。また，図の記述については，第11章でくわしく説明しますので，ぜひ参照してください。さらに図と図の間，図と表の間また図表と本文との間には，意図的に空行をいれて見やすくしてください。

　　　　　　　　　　　　図中の文字も，図番・図名と同じ
　　　　　　　　　　　　言語で記述する。

　　　　　　　　　図1　○○をパラメータとした結果[1]
　　　　　　　　　　　　　　（空行）
　　　　　　　表1　20XX年から20ZZ年における各値の推移

西暦年	20XX	20YY	20ZZ
値1			
値2			
値3			

　　　　　　　　　　　　　　（空行）

> 　図1は，筆者らの一人が，以前に実施した実験で得た結果の一部を示している[1]。このとき，……。さらに，今回の調査でわかった値の数年間における変化を表1に示す。これらの結果から，……

❸その他の留意事項

　最終章いわゆる結論の章以外には，主観的な意見を書かないよう注意しましょう。レポートの主眼は，調査・収集した情報や万人が認める意見（これは客観性があるので，単なる個人的な意見ではない）を，自分のレポートの目的にしたがって配列・連結して文章を練り，流れをつくることにあるので，結論以外の章に自分の主観を入れてはいけません。

　調査や実験研究が終了した後に書くレポートでは，そのレポート全般について過去時制で書くのが一般的です。しかし，図表の説明文には，「図1は，……を示している。」のように現在時制で書きます。このように，特別な理由がない場合は，時制を統一するようにしましょう。

　執筆は手書きでもよいですが，清書支援のためのいわゆる**文書処理ソフトウェア**（ワープロ）を利用すると，検討を重ねる際の文章・図・表の**編集**が非常に楽になります。さて，それではいよいよ執筆です。

10-08　レポート本文の執筆

❶主題文（「起承転結」の「起」）

　主題が決まったら，これまでの資料やメモ内容を検討しながら，10-06の❷レポートの構成でも紹介した序論の内容を第1章として記述しましょう。すなわち，

> (a)問題・話題は何か。
> (b)なぜ，その問題を取り上げるのか。
> (c)問題の背景
> (d)この問題に関して，従来からおこなわれている研究・調査結果の紹介
> (e)どんな調査・研究をここでおこなうのか。

などについて，記述していきます。

❷本論の内容(「起承転結」の「承転」)

主題文の次に続く本論では,

> (f) 調査・研究・実験などのやり方
> (g) その結果
> (h) 結果の考察,他の結果との比較検討,結果の理由,吟味など

などについて,記述していきます。

❸結論の内容(「起承転結」の「結」)

結論は❶,❷で述べた内容を基にして,本レポートでの成果を述べる部分ですが,主題文で「起」こした内容に対応した「結」が得られているように記述することが大切です。

> (i) 結果を簡潔に列挙
> (j) それに関する根拠のある意見
> (k) 将来の展望

❹推敲・表記法

思うままに文章を書いていると,意外と誤字・脱字などに気づかないことが多いものです。一通り書き終えた後に,しばらく時間(2日〜3日)をおいて読み直すと,いろいろな間違いや修正したい部分があることに気がつきます。あるいは,第3者にレポートを読んでもらうこともお勧めします。推敲とは,そのような修正を何度も加えて,他者(読者)に見せられる,読んでもらえる状態に仕上げることをいうのです。

またここで,レポートにおける標準的な表記法(表10-1)と文字(表10-2)や単位系(表10-3, 10-4)についての注意を,参考までに掲載しておきます。よく確認しながら執筆してください。

【文字・特殊記号,その他】
文書処理ソフトウェアで使用する英数字フォントによっては,すべてを半角で統一してもよいでしょう。

❶**アラビア数字** 1桁の数字なら1コマに1字(ワープロでいうところの全角),2桁以上の数字がならぶときは,1コマに2字(半角)を使用しましょう。

❷**ローマ字** 大文字1文字は全角，小文字は半角で入力しましょう。ローマ字綴りが文頭に来るときは，最初の文字は大文字（半角）を使います。行末で，ローマ字綴りが切れるときは，英語辞書を参照して，切ることが許される部分にハイフンを入れましょう（ハイフネーション）。

❸**区切り記号** 句読点について，横書き文書では句点は，．（ただし，公用文書では 。であることが多い），読点は ， を使います。縦書き文書では，それぞれ 。 、 となります。その他の記号を，表 10-2 に示します。

表 10-1 論文等における標準記法（字面の白さの一例）

こうは書かない（悪い例）	こう書く（よい例）	こうは書かない（悪い例）	こう書く（よい例）
及び	および	他の	ほかの
並びに	ならびに	……の通り	……のとおり
乃至	ないし	……の時	……のとき
初めて	はじめて	共に	ともに
始終	しじゅう	拘わらず	かかわらず
或る	ある	……と言うことは	……ということは
或いは	あるいは	……と見える	……とみえる
即ち	すなわち	1つ2つ	一つ二つ，ひとつふたつ
然し	しかし	出来る	できる
但し	ただし	解る・分かる・判る	わかる
勿論	もちろん	違う	ちがう
従って	したがって	行う	おこなう
更に	さらに	始める	はじめる
又	また	決める	きめる
殊に	ことに	表す	あらわす
各々	おのおの	現れる	あらわれる
普通	ふつう	続く	つづく
沢山の	たくさんの	我々	われわれ
色々な	いろいろな	私達	私たち
様々な	さまざまな		

表 10-2 区切り文字

記号	読み	記号	読み
．	ピリオド	「」	かぎかっこ
，	コンマ	『』	二重かぎかっこ（書名の引用など）
；	セミコロン	［］	ブラケット
：	コロン	｛｝	ブレース
・	なかぐろ，なかてん（並列の連結など）	〈〉	やまかっこ，ギュメ
―	ハイフン，ダッシュ	" "	二重引用符，ダブルクオーテーションマーク
…	リーダ（以下省略）	' '	引用符，シングルクオーテーションマーク
（）	丸かっこ，パーレン	＿	アンダースコア

❹**単位・量記号** 単位は，基本的に立体文字で SI 単位系を用います。表 10-3 以降を参照してください。量を表す記号は，例えば，「面積 A は 100m² となる」のようにイタリック体（斜体）で示します。

表 10-3 SI 単位系の基本単位と補助単位

		量	単位	
	名称	よく使われる文字記号	名称（英語）	単位記号
基本	長さ	l	メートル（meter）	m
	質量	m	キログラム（kilogram）	kg
	時間	t	秒（second）	s
	電流	I	アンペア（ampere）	A
	（熱力学）温度	T	ケルビン（kelvin）	K
	物質量	n	モル（mole）	mol
	光度	I	カンデラ（candela）	cd
補助	平面角	α	ラジアン（radian）	rad
	立体角	Ω	ステラジアン（sterdian）	sr

ニュートンの運動の第 2 法則から，工学単位系における力の単位である kgf は，SI 単位系では，1kg（質量）× 9.8m/s²（重力加速度）＝ 9.8kg・m/s² ＝ 9．8N（力）となります。この大きさを，従来から工学単位系では 1kgf と表現してきました。この関係を理解しておくと，工学単位系と SI 単位系の換算が簡単に行えます。

表 10-4 SI 単位の基本単位や組立単位で表現できる SI 単位や非 SI 単位

名称	よく使われる文字記号	名称	単位記号	定義
角度		度	°	$\pi/180$ rad
		分	′	$1/60°$
		秒	″	$1/60′$
長さ		オングストローム	Å	10^{-10}m
		フェルミ	Fermi	10^{-15}m
		海里		1852m
面積	A, S	アール	a	100m^2
体積・容積	V	リットル	l	10^{-3}m^3
密度	ρ	キログラム毎立方メートル		kg/m^3
速さ・速度	v	メートル毎秒		m/s
		ノット	kn	1852/3600m/s
加速度	a	メートル毎秒毎秒		m/s^2
		ジー	G	9.8m/s^2
		ガル	Gal	10^{-2}m/s^2
角速度	ω	ラジアン毎秒		rad/s
角加速度	α	ラジアン毎秒毎秒		rad/s^2
回転数		回毎分	rpm	1/60Hz, 1/60s^{-1}
		回毎秒	rps	1Hz, s^{-1}
振動数・周波数	f	サイクル, ヘルツ	Hz	s^{-1}
質量	m	トン	t	10^3kg
力	F	ニュートン	N	kg·m/s^2
		キログラム重	kgf	9.8N
		ダイン	dyn	10^{-5}N
モーメント・トルク	M, T	ニュートンメートル	N·m	kg·m^2/s^2
		キログラム重メートル	kgf·m	9.8N·m
時間	t	分	min	60s
		時	h	60min
		日	d	24h
圧力	p	パスカル	Pa	N/m^2
		水柱メートル	mH$_2$O	9.8×10^3Pa
		水銀柱ミリメートル	mmHg	101325/760Pa
		トル	Torr	101325/760Pa
		気圧	atm	101325Pa
		バール	bar	10^5Pa
		キログラム重毎平方メートル	kgf/m^2	9.8Pa
応力	σ	パスカル	Pa	N/m^2
		キログラム重毎平方メートル	kgf/m^2	9.8Pa
エネルギー・仕事・熱量	E, W	ジュール	J	N·m
		エルグ	erg	10^{-7}J

表10-4 単位系の基本単位からできる組立単位やその他の単位（続き）

名称	よく使われる文字記号	名称	単位記号	定義
エネルギー・仕事・熱量	E, W	カロリー	cal	4.19J
		キログラム重メートル	kgf·m	9.8J
		キロワット時	kW·h	3.6×10^6J
		馬力時	PS·h	2.65×10^6J
		電子ボルト	eV	1.6×10^{-19}J
仕事率・動力・放射束	P	ワット	W	J/s
		馬力	PS	735.5W
		キロカロリー毎時	kcal/h	1.163W
粘度・粘性係数	μ	パスカル秒	Pa·s	N·s/m^2
		ポアズ	P	10^{-1}Pa·s
		センチポアズ	cP	10^{-3}Pa·s
		キログラム重秒毎平方メートル	kgf·s/m^2	9.8Pa·s
動粘度・動粘度係数	ν	平方メートル毎秒	m^2/s	m^2/s
		ストークス	St	10^{-4}m^2/s
		センチストークス	cSt	10^{-6}m^2/s
電気量・電荷	Q	クーロン	C	A·s
電位・電位差・電圧	V, U	ボルト	V	W/A
静電容量	C	ファラド	F	C/A
電気抵抗	R	オーム	Ω	V/A
コンダクタンス	G	ジーメンス	S	S
インダクタンス	L, M	ヘンリー	H	H
磁束	ϕ	ウェーバー	Wb	Wb
		マクスウェル	Mx	10^{-8}Wb
磁束密度	B	テスラ	T	T
		ガンマ	γ	10^{-9}T
		ガウス	Gs	10^{-4}T
磁界の強さ		アンペア毎メートル	A/m	A/m
		エルステッド	Oe	$10^3/4\pi$ A/m
セ氏温度	T	セ氏度	℃	
カ氏温度	T	カ氏度	°F	
光束	ϕ	ルーメン	lm	cd·sr
照度	E	ルックス	lx	lm/m^2
放射能		ベクレル	Bq	s^{-1}
		キュリー	Ci	3.7×10^{10}Bq
放射線量		グレー	Gy	J/kg
		レントゲン	R	2.58×10^{-4}C/kg
吸収線量		シーベルト	Sv	m^2/s^2
		ラド	rd	10^{-2}Gy

❺**接頭語**　10^n 倍の単位に関する接頭語について，表 10-5 にまとめておきます．表 10-4 に示す単位記号の前に，必要に応じてこれらの接頭語がつきます．

表 10-5　10^n 倍の単位に関する接頭語

係　数	接頭語（原語）	記　号	係　数	接頭語（原語）	記　号
10^{18}	エクサ（exa）	E	10^{-1}	デシ（deci）	d
10^{15}	ペタ（peta）	P	10^{-2}	センチ（centi）	c
10^{12}	テラ（tera）	T	10^{-3}	ミリ（milli）	m
10^{9}	ギガ（giga）	G	10^{-6}	マイクロ（micro）	μ
10^{6}	メガ（mega）	M	10^{-9}	ナノ（nano）	n
10^{3}	キロ（kilo）	k	10^{-12}	ピコ（pico）	p
10^{2}	ヘクト（hecto）	h	10^{-15}	フェムト（femto）	f
10^{1}	デカ（deca）	da	10^{-18}	アト（atto）	a

❻**ギリシャ文字**　ギリシャ文字の大文字・小文字・読み方について，表 10-6 にまとめておきます．

表 10-6　ギリシャ文字（大文字・小文字・読み方）

大文字	小文字	ヨ　ミ	大文字	小文字	ヨ　ミ	大文字	小文字	ヨ　ミ
A	α	アルファ	I	ι	イオタ	P	ρ	ロー
B	β	ベータ	K	κ	カッパ	Σ	σ	シグマ
Γ	γ	ガンマ	Λ	λ	ラムダ	T	τ	タウ
Δ	δ	デルタ	M	μ	ミュー	Y	υ	ユプシロン
E	ε	イプシロン	N	ν	ニュー	Φ	ϕ	ファイ
Z	ζ	ゼータ	Ξ	ξ	クサイ	X	χ	カイ
H	η	イータ	O	o	オミクロン	Ψ	ψ	プサイ
Θ	θ	シータ	Π	π	パイ	Ω	ω	オメガ

❼**長音符（音引き）**の扱いは，文化庁と日本工業規格とのそれが異なることもあり，分野や時期によってもゆらいでいるようです．しかしここでは，日本工業規格 JIS Z 8301：2008 にしたがって，次のように統一しましょう．

(1) 3 音以上の場合には，語尾に長音符号を付けない（言語のつづりの終わりが er，or などの場合や ey，gy，py などの場合）．
　　例：「エレベーター（elevator）」は「エレベータ」とする．
　　　そのほかの例として，「コンピュータ」「クーラ」「フィルタ」「モータ」「データ」「センサ」「エネルギー」「エントロピー」「エンタルピー」「バッテリー」「ポリシー」など．
(2) 2 音以上の場合には，語尾に長音符号をつける．
　　（例：「カー（car）」や「カバー（cover）」は「カー」や「カバー」とする）

(3) 複合語は，それぞれの成分語について，上の（1）および（2）を適用する。
（例：「motor car」は「モータカー」とする）
(4) 長音符号で書き表す音，はねる音，つまる音は1音とし，拗音は1音としない。
（例：「テーパ」(taper)，「ダンパ」(damper)，「ニッパ」(nipper)，「シャワー」(shower) とする）
(5) 人名，地名には，長音記号をつける。（例：「チャイコフスキー」「バンクーバー」）

11 図表の書き方

11-01 表の書き方

❶ 表とは何か

英語では，表のことを Table といいますが，レポートを執筆する際には

- 多数の値の整理
- 異なる条件における測定結果の比較
- 実験条件，特性，仕様などの比較
- 規格の紹介

などのために，表という形式を利用して表現する場合が多々あります。また実験値（データ）を元にした表は，計算に便利なものでもあります。

その一方で，表が単なるデータの羅列に終わってしまっては，その意義が薄れてしまうので，注意が必要になります。

❷ 表を書く上での留意事項

表を書く上での留意事項は，次のとおりです。

① 表の上に表番号と表名を記載する。
② 数値とは別に単位の表示が必要であれば，項目名に続けて括弧付きで単位を表示する。
③ 数値を記入する。
　（a）有効桁数をそろえる。特殊な場合を除き，通常は 3〜5 桁程度で十分であ

る。例えば，実験で得られた値や測定値として，67.8 と 67.80 では，意味が異なる。前者は，0.1 の位の 8 に誤差が含まれており，実際は 67.75 以上 67.85 未満ということを保証していることになる。一方，後者は，67.795 以上 67.805 未満の範囲内にあることを意味しており，最終桁にゼロがつくか，つかないかで，誤差範囲が異なってくる。したがって，有効桁数を考慮した数値の加減乗除の結果の表示も注意する必要がある。
    (b) 隣り合う項目の数値列と十分な間隔を空ける。
    (c) 縦の列，横の列ともに，桁を揃えると美しく見える。
④ 測定値や使用している記号の説明が必要なら，表の下に表示する。また，注意書きが必要な場合も，表の下に書く。
⑤ 同じ種類のデータの表は，形式を統一しておくと，比較がしやすくなる。

❸ 表の具体例

以上を踏まえた具体的な表の一例を表 11-1 に示します。

表 11-1　中空円筒の寸法測定結果と体積の算出

No.：試料番号	D: 外径（mm）	D_2: 内径（mm）	H: 高さ（mm）	V: 体積（mm^3）
1	20.05	15.89	35.00	5232.9
2	20.03	15.91	35.02	5185.5
3	20.06	15.90	35.03	5240.3

※　測定時室温：25℃

11-02　図（とくにグラフ）の描き方

❶ 図とは何か

英語では，図のことを Figure といいます。実験の理論や方法，装置や考えの流れなどを説明する場合，単に文章で書くよりも，図を利用した方が効果的です。とくに

○ 原理図
○ 構成図
○ モデル図
○ 装置図
○ 配置図

○配線図
　　○流れ図（フローチャート）
　　○写真

などを併用すると，伝えたい内容が視覚化され，読者に意図が伝わりやすくなります。

❷図を書く場合の留意事項

これらの図を書く場合，

　①何を明確にするのか，意識すること
　②要点を押さえること
　③省略可能な部分は省略して，簡潔に書くこと
　④図の下に，図番号と図名を記載すること

が重要です。

　ここでは，図のうち，グラフと呼ばれるものの描き方を示します。

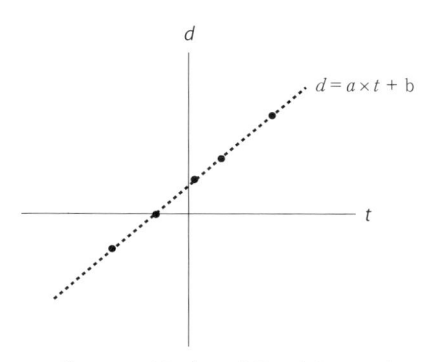

図 11-1　グラフの一例　（この状態は未完成です）

　図 11-1 のようにある量（横軸数値）の変化とともに，縦軸の量が変化する現象の一例として，横軸に時間 t をとり，それとともに変化する物体の位置 d を縦軸にとって，両者の関係を測定したとします。その結果をグラフに表すと，大まかな傾向や，どのような法則にしたがっているかなどを直感的に示すことができます。また，理論（ある種の曲線や直線）と実験値（プロット点）との関係も一目で比較ができます。

　また，プロット点を折れ線で結んだり，直線や曲線を当てはめて近似したり，あるいは単純なプロット点だけの表示などは，それぞれに意味があってなされるものですから，その意味を十分理解する必要があります。「Microsoft 社の EXCEL® で処理したら，自動的にそうなりました」で，済ませてしまってはいけません。

❸グラフ用紙（手描きの場合）

【①線型グラフ用紙（方眼紙）】

　縦軸 y および横軸 x の目盛が，共に等間隔に取られたグラフ用紙のことをいいます。このグラフ用紙上で，実験点がもし一直線状に並べば，$y = a \times x + b$ の関係があることがわかります（ここで，a は傾き，b は切片）。実験点に対して，ある一本の直線を引いて（多少，その直線の上下に実験点がばらつく）よいかどうかは，その実験の背景にある理論自体が直線比例関係があるならば，問題はありません（図 11-2）。

　しかしながら，横軸と縦軸の間にどんな関係があるか不明な場合は，階差表と呼ばれる表を作成して，どんな関係があるかを試行錯誤して確認し，よく吟味する必要があります。これは後述するグラフ用紙（片対数グラフ用紙，両対数グラフ用紙）を利用した場合でも同様です。

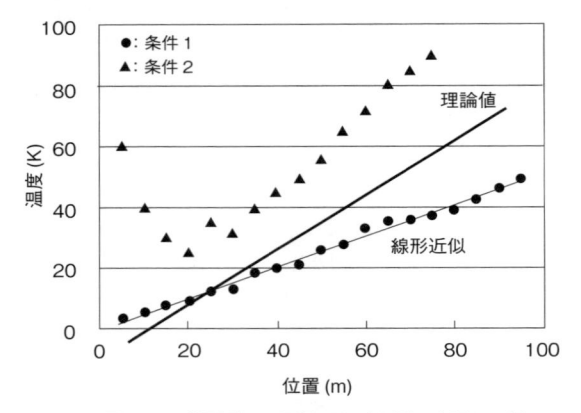

図 11-2　線型グラフ用紙における図の表現の一例

【②片対数グラフ用紙】

　横軸（あるいは縦軸）の目盛は等間隔ですが，縦軸（あるいは横軸）目盛が対数目盛（値が 10 倍になるごとに等間隔）となっているグラフ用紙です。なお，このグラフ用紙上での直線関係は，$y = a \times e^x$ となります。つまり，両辺について対数をとると，$\log y = x + \log a$ となることが，理解できると思います（図 11-3）。

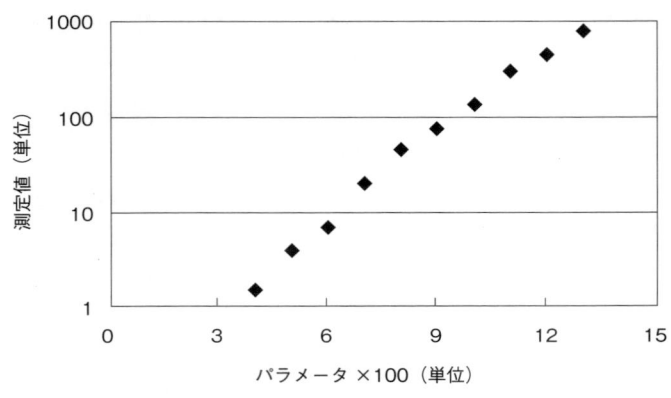

図 11-3　片対数グラフ用紙における図の表現の一例

縦軸数値の変化領域が100倍あるいは1000倍程度変化しても，1枚のグラフ用紙に描くことができるという利点があります。図11-3を，線型グラフ用紙に描くと，図11-4のようになります。

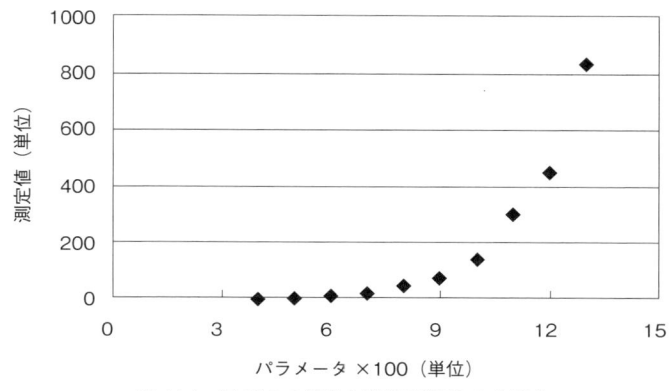

図11-4　図11-3の縦軸を線形目盛軸にした場合

【③両対数グラフ用紙】

縦軸，横軸とも対数目盛（値が10倍になるごとに等間隔）となっています。なお，このグラフ用紙上での直線関係は，$y = a \times x^n$ になります。両辺について対数をとると，$\log y = n \times \log x + \log a$ となることが，理解できるでしょう（図11-5）。

横軸および縦軸ともに100倍から1000倍程度変化しても，1枚のグラフ用紙に書くことができるという利点があります。

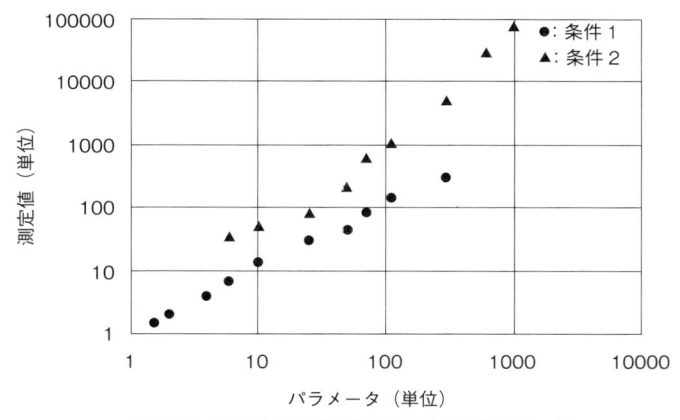

図11-5　両対数グラフ用紙における図の表現の一例

❹ PCを利用したグラフ描画

PCを利用したグラフの書き方としては，EXCELなどの表計算ソフトウェアに実験値を入力し，グラフを描画する機能を使用してグラフを描く場合や，ドローイングソフトウェアを利用して，手描きと同様なことをPCで作業する描き方などがあります。**縦棒グラフ，折れ**

線グラフ，円グラフ，横棒グラフ，面グラフ，散布図，等高線，ドーナツグラフ，レーダチャートなど，多彩な表現が簡単な条件設定で描画できます。また工夫次第でカラーを使用した効果も出すことができます。

　PC 画面に出力された各種の図は，プリンタによって無地の用紙に印刷することもできますし，プレゼンテーション用のファイルにも有効利用することもできます。しかしながら，前にも述べましたが，PC ソフトウェアを利用して描画したからとそれでよしとはせず，十分すぎる吟味をしてください。

　したがって，この種のアプリケーションソフトウェアの操作にも，ぜひとも慣れておきたいものです。この解説については，本書の内容を越えるため他書を参考にしてください。

❺グラフの描き方

　それでは，以下に基本的なグラフの描き方の手順について説明していきます。

【①十分な余白を設定する】

　通常の文章を書く場合でも同様ですが，用紙の上下左右には，十分な**余白**（マージンともいい，何も書かない空白部分）を設定しておきましょう。例えば，A4 版（210mm × 297mm）の場合，上下左右にそれぞれ 25mm もあれば十分です。

【②図番号と図名】

　グラフ（図）本体の下に，図番号と図名を書きます。

　レポートに掲載する図表の数が多くなる場合は，たとえば，「図 2.1」，「表 3.5」というように名づけて，第 2 章の 1 番目の図，第 3 章の 5 番目の表という意味をもたせれば便利なことがあります。第 1 章から第 5 章までのあいだに，図 1 から図 100 の図番がある場合を考えてみましょう。もしレポート推敲の際に，図 1 が不要になってしまうと，図 2 以降すべての図番を付け直し，また文中の図番もすべて変更することになってしまいます。そんなときに上述のようにしておけば，関連する第 1 章のみの図番号の変更で対応できるのです。

【③軸の取り方】

　独立変数を横軸 x にとり，従属変数を縦軸 y にとるのが普通です。たとえば，時間を横軸に，時間とともに変化するある物体の変位を縦軸にとります。

【④縦軸と横軸の名前】

　縦軸および横軸が示す**量の名前**（あるいはその記号も表示するとよいこともある）および**単位**を括弧付けで明記します。縦軸の量の名前（縦軸ラベル）と単位は，横書きした状態を反時計方向に 90 度回転させて，下から上に読むように書くとよいでしょう。横軸の量の名

前(横軸ラベル)と単位は,横書きした状態で,左から右に読むように書きましょう。

【⑤目盛り線の描き方】
　縦軸線・横軸線・縦横枠線および縦横軸線につける目盛線の描き方は,次の通りです。

①軸線は,途中を省略して書かない。
②目盛線は,軸線を突き抜けないようにして,グラフの内側に2〜3mm程度の長さで描く。目盛数値は,軸線に関して目盛線とは反対側に書くのが普通である。
③プロット点が一方の軸線に偏らないように,目盛数値の範囲を選ぶ。必ずしも,ゼロから目盛る必要はない。
④目盛数値がつくのは軸線となるが,グラフを四角で囲むように縦と横の枠線を描くと,見栄えがよくなる。
⑤縦軸,横軸ともに,目盛数値を書く個数は,せいぜい4〜7程度である。これを超える箇所に目盛数値が書かれていると,逆にみづらくなる。

【⑥プロット点の打ち方と線】
　プロット点の打ち方と線の区別については,次の点に留意してください(図11-6)。

①描く図の大きさにもよるが,大きさが2mm程度の○,△,▽,□,●,▲,▼,■等の記号を打つ。
②測定値に幅(ばらつき)があるときは,プロット点を中心として,その上下に値の幅を示す線(エラーバー)を描く。幅としては,最大値・最小値,±標準偏差などが採られることが多い。
③一つのグラフに複数の線を引くときは,実線,破線,一点鎖線のような形の区別をつけたり,太線,細線などのように太さの区別をつけて書くと良い。

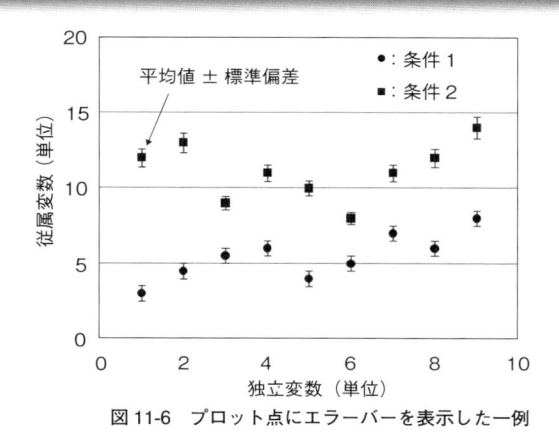

図11-6　プロット点にエラーバーを表示した一例

【⑦関数（直線や曲線）のあてはめ】
　プロットされた点に関数（直線や曲線）をあてはめていく際には，次のことに注意が必要です。

①根拠がない限り，プロット点を単純に折れ線で結ぶことはしない。
②実験の背景にある理論で，横軸と縦軸との間に関数関係があるならば，連続線（直線，曲線）として，プロット点とともにグラフに描画して，実験値と理論とを区別することも大事である。
③理論的な背景があって，プロット点に直線や曲線をあてはめて描いてもよい場合，描こうとする線の上下にほぼ均等にプロット点が分布するように，手描きの場合は直定規や曲線定規を利用して描く。また，数学的手法（最小自乗法や階差表を利用した手法など）を利用して，直線や曲線の関数を決めることもできる（表計算ソフトウェアでも，その機能が用意されていることもある）。

【⑧その他注意すべき点】
　その他，注意すべき点について以下にまとめました。よく確認して作業していきましょう。

○凡例として実験条件などの事項を，簡単明瞭にグラフ内に明記することで，一目でグラフの意味や結果をわかりやすくすることができる。
○書き方を統一する（表計算ソフト等で出力した図がそのまま通用するか判断する。多くの場合，かなりの編集作業が必要となる）。
○単位記号や量記号を正確に，文字の大きさについても読み手に配慮する。
○実験装置をモデル図化するのもよいが，単純化し過ぎるのも問題で，複雑化するのも問題である。追試する読者がいることも考慮する。
○標準化，市販されているような装置の場合は，省略は可能である。
○実験の結果次第では，多くの図や表が得られることもあるが，その中からレポートの主旨を論理的に説明するのに合うものだけを絞り込んで，必要かつ十分なものだけを厳選する。
○また，同一の条件での結果などは，1枚の図の中にまとめるのが望ましい。

❻よくないグラフの例

　よくないグラフの例を以下に取り上げてみます（図11-7，図11-8）。また改善の例についても示しますので（図11-9，図11-10），よく確認してみてください。

図 11-7　よくない図の一例（枠線）

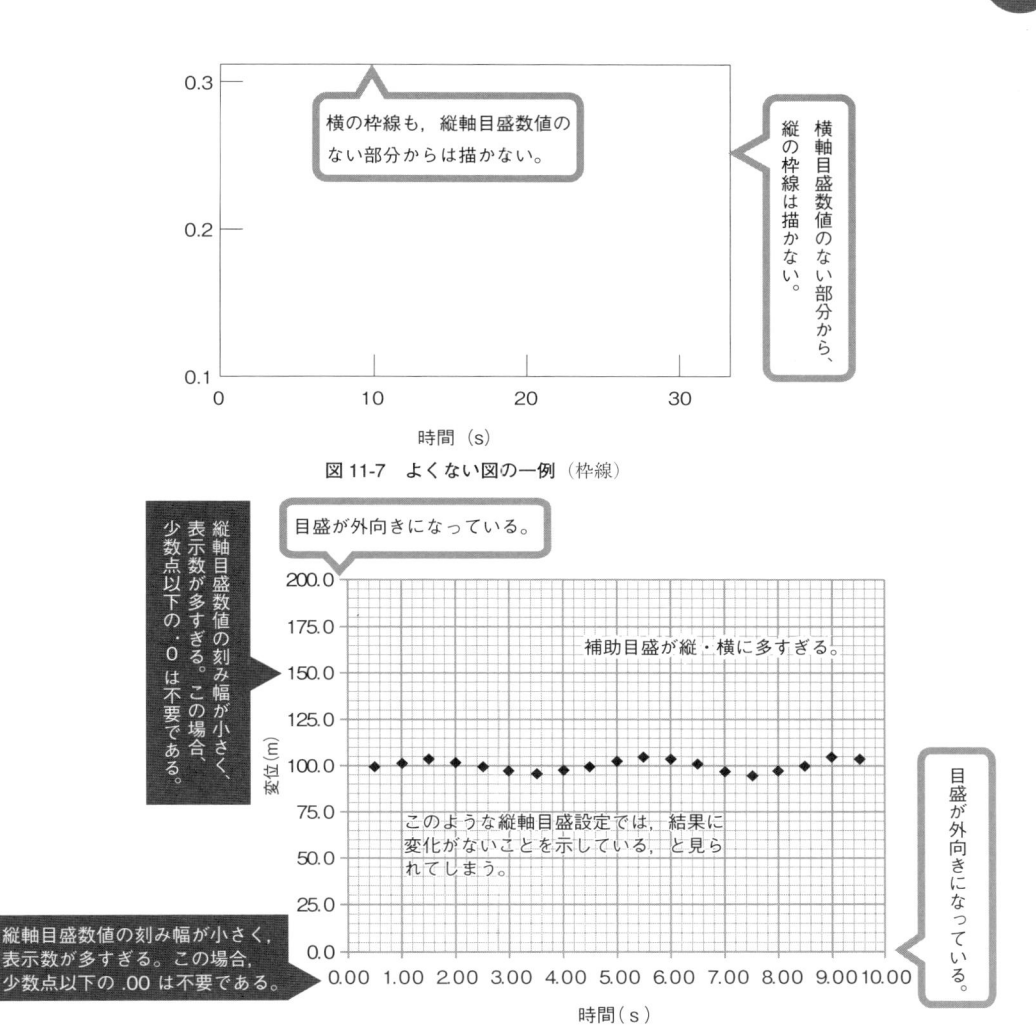

（吹き出し）横の枠線も，縦軸目盛数値のない部分からは描かない。
（吹き出し）縦の枠線は，横軸目盛数値のない部分から、縦の枠線は描かない。

図 11-8　よくない図の一例（目盛線・補助目盛線・縦軸目盛範囲）

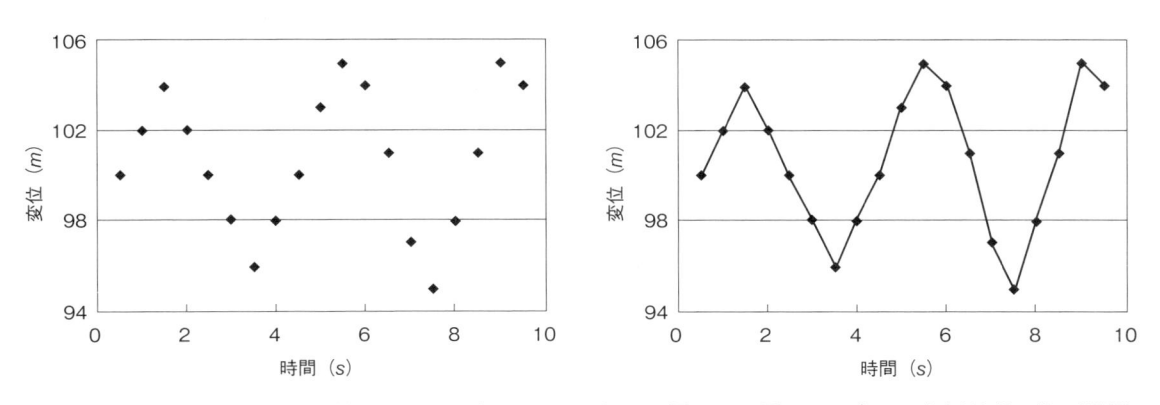

（吹き出し）目盛が外向きになっている。
（吹き出し）縦軸目盛数値の刻み幅が小さく，表示数が多すぎる。この場合，少数点以下の .0 は不要である。
（吹き出し）補助目盛が縦・横に多すぎる。
（吹き出し）このような縦軸目盛設定では，結果に変化がないことを示している，と見られてしまう。
（吹き出し）縦軸目盛数値の刻み幅が小さく，表示数が多すぎる。この場合，少数点以下の .00 は不要である。
（吹き出し）目盛が外向きになっている。

図 11-9　図 11-8 を改善した状態（変化があることを示したい場合）

図 11-10　図 11-9 のプロット点を折れ線で結んだ状態

12 プレゼンテーションの方法
PowerPoint® による

12-01　はじめに：何事も実行から

　調査や研究活動を行った結果は，多くの場合これまで述べてきたようなレポートを書くことによってまとめますが，さらに，本章で述べるような大勢の前での発表も，よくおこなわれます。これは限られた時間での発表によって，発表者の行った内容と得られた成果を他者にも理解してもらうためです。

　大勢の人が，発表者のおこなったことに関する予備知識をまったくもっていないならば，飽きずに聴いてもらって，わかってもらうための発表のテクニックなどを知っておく必要があります。本章では，そのようなテクニックとノウハウについて紹介します。ほかにも，参考となる書が多くありますので[1)～6)]，ぜひ手にとって読み，実践してください。

　おそらく，みなさんにとって大勢の前での発表は，初体験となるでしょう。しかし，何事も経験を積まない限り上達はありません。最初のうちは，緊張して動悸を激しく感じるかもしれませんが，場数を踏めば踏むほど，自信が生まれて余裕も出てくるものです。数ヶ月あるいはそれ以上の期間，苦しみや悩みが大きかった調査や研究であればあるほど，発表時には堂々とした自信が溢れているものです。"Practice makes perfect." を信じて，さあ，何事も実行してみましょう。

12-02　プレゼンテーションファイルの準備

　発表の際に用いる視聴覚資料を作成するアプリケーションソフトウェアとしては，Microsoft 社の PowerPoint® が一般的です。このソフトウェアの操作については，他書に説明は譲ることにしますが，本節では，このソフトウェアの利用に特化せず，発表用資料を作成するにあたっての留意事項について，紹介していきます。

❶作成するスライド（画面）数と提示順

　発表時間が，例えば，5分間，10分間，15分間などの場合，それぞれにおけるスライド枚数は，表紙に相当するスライドも含めると，5～8枚，10～15枚，15～20枚の範囲と考えればよいでしょう。基本的に，1枚のスライド説明にかける時間は，平均として約1分間ということになります。

　スライドの提示順は，基本的には，第10章10-06の❷で説明したレポートの構成順と同一でよいですが，最初に結論的なスライドを提示して，興味を最初にわかせる方法もあります。

❷スライドの背景

　派手な背景を選択すると，その背景上に置かれる文字や図表など，本来の主たる内容が目立たなくなることがあります。したがって，シンプルな背景を選択するほうがよいでしょう。

❸スライドで利用するカラー

　スライドを構成する文字や図表その他にカラーを使用することで，説明も効果的になります。このとき，スライド編集時のPCを使った作業では，PCモニタで見えている状態と，プロジェクタでスクリーンに大写しとなった状態とでは，逆効果となってしまうカラーがありますから注意しましょう。一度，PCでの編集作業が終了した後に，プロジェクタでスクリーンに映して確認することが大切です。

❹使用言語

　スライド全編にわたり，同一言語で表現します。

❺文章・文字

　文章を羅列しないようにしましょう。また，長い文字数の文章を書かないことが大切です。文章で書いた場合と同じ趣旨になるように，**箇条書き**にしたり，図記号などを使ったりして表現していきます。文字は可能な限り，大きく書きましょう。

❻図　表

　一つのスライドには，基本的に一つの図あるいは表だけとします。もちろん，そのスライドを見ただけで，何を話すべきかが容易に判断できるようなキーワードを，スライド内に追加しておくとよいでしょう。その場合であっても，図表で使われる文字は，可能な限り大きくします。

❼式

時間が限られているので，式については表示するとしても，詳細な説明は避けられるなら，避けた方がよいでしょう。

❽動画・音声

動画や音などのデータも，スライド内に貼り付けることができるので，効果的に利用しましょう。

❾アニメーション化

スライドの切り替え時，文字・文章，図表，動画などの表示をアニメーション化することもできます。しかし，アニメーションの適用は，画面が目まぐるしく変化することによって聞き手を混乱させることもあるため，ほどほどにしておきましょう。

12-03　発表（練習）

❶発表用原稿

万が一の場合に備えて，発表時に確認するための原稿を作成しておいてもよいですが，原則として，この原稿を読むことは許されないと思ってください。原稿に頼ってしまうと，事前に一字一句覚えようとしてしまうことになります。そのような発表は，聞き手側としてはおもしろみが感じられず，練習不足を指摘される原因となるのです。

したがって，スライド内容から，そのスライドでは何を話すべきかというキーポイントだけを，記憶にとどめればよいでしょう。あとは，自然と口から言葉が出てくるものです。逆に言えば，そのようになるまで練習を重ねるということが大切です。

発表時には，手には原稿は持たないで臨むようにしましょう。

❷口調

です・ます調の敬体的な会話口調で話しましょう。重要な部分については，必要に応じて繰り返して説明します。

❸図表・式

図，とくにグラフについては，横軸と縦軸の定義を明確にし，そのグラフや図で何を述べたいかを簡潔に話しましょう。

また数値の羅列であるような表についても，だらだらと数値を紹介することはせず，全体

として何を伝えたいかを話せばよいでしょう。

式の詳細説明は，避けることができるなら避けましょう。

❹逆戻りは禁止

以前に提示したスライドを，途中から逆戻りして提示するようなことはしないようにしましょう。

❺レーザーポインタ・指示棒の使用と身振り・手振り

レーザーポインタや指示棒を有効に使うと同時に，身振り・手振りでも，聞き手に訴えかけるようにしましょう。

❻立ち位置

スクリーンの横に立ち，基本的に顔や体は聞き手の方にむけて発表しましょう。もちろん，スライドの特定部分を指したい場合には，顔は一時的にスクリーンを向いても大丈夫です。

❼マイク

発表会場にマイクが用意されているなら，積極的に使いましょう。両手が自由になるので，ピンマイクであることが多いと思います。その際，マイク部分を口に近づけすぎないようにしないと，スピーカからは聞き取りにくい音になってしまいます。マイクが使用できない場合は，大きな声で元気よく発表しましょう。

12-04 スライドの具体例

一例として，ある研究発表について，7分間の発表時間が与えられた時の，プレゼンテーションファイルに作成した配付資料（全スライド）の一例を，次頁以降に示しておきます（図12-1〜図12-9）。参考にしてみてください。

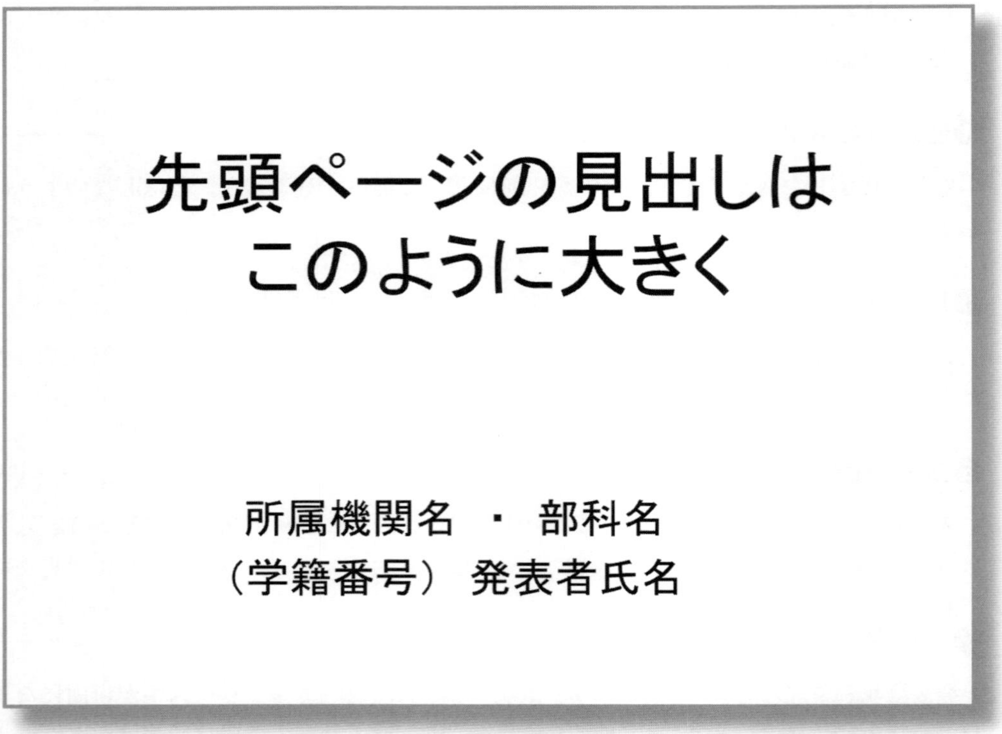

**先頭ページの見出しは
このように大きく**

所属機関名 ・ 部科名
（学籍番号）　発表者氏名

図 12-1　大きな読みやすい文字

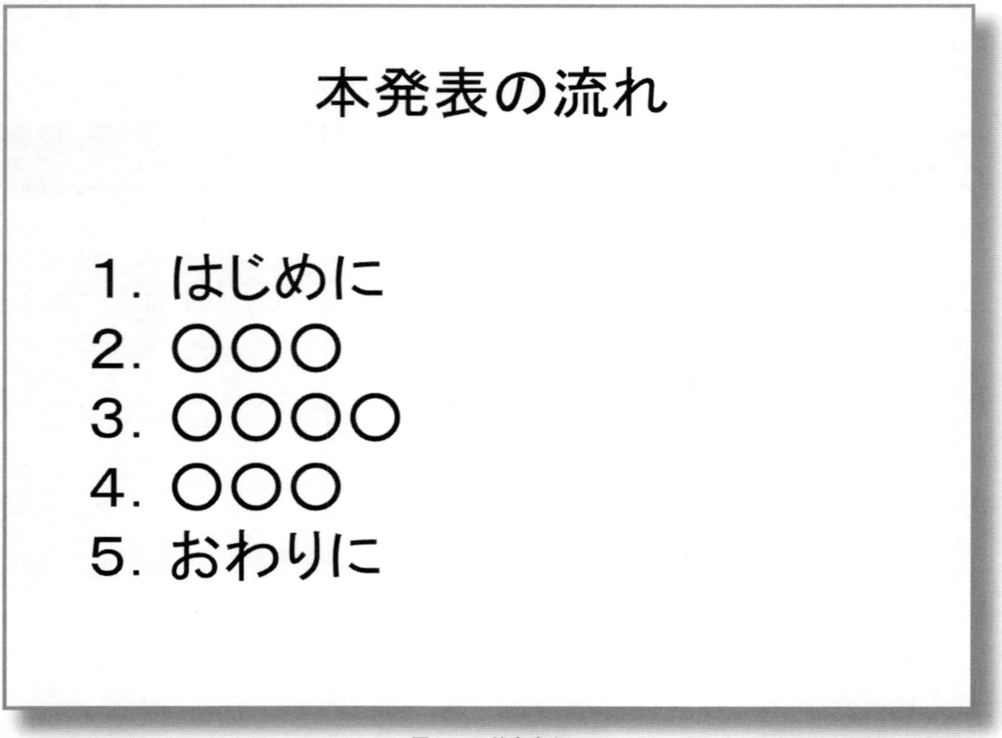

本発表の流れ

1. はじめに
2. ○○○
3. ○○○○
4. ○○○
5. おわりに

図 12-2　箇条書き

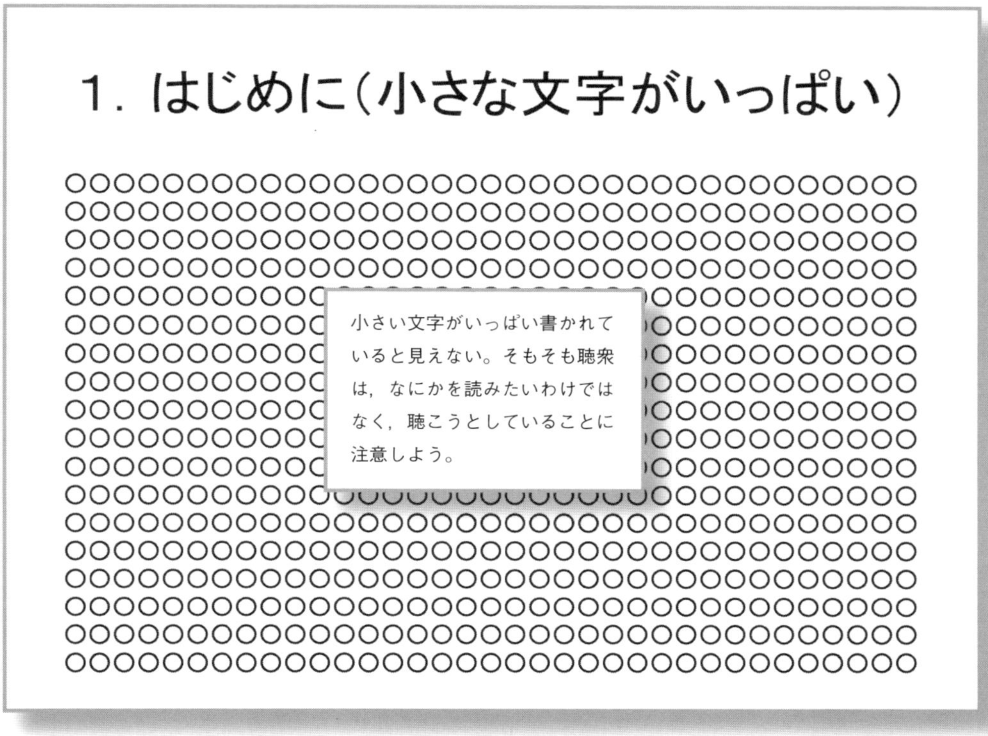

12 プレゼンテーションの方法：PowerPoint による

1. はじめに（小さな文字がいっぱい）

小さい文字がいっぱい書かれていると見えない。そもそも聴衆は，なにかを読みたいわけではなく，聴こうとしていることに注意しよう。

図 12-3　小さい文字は逆効果

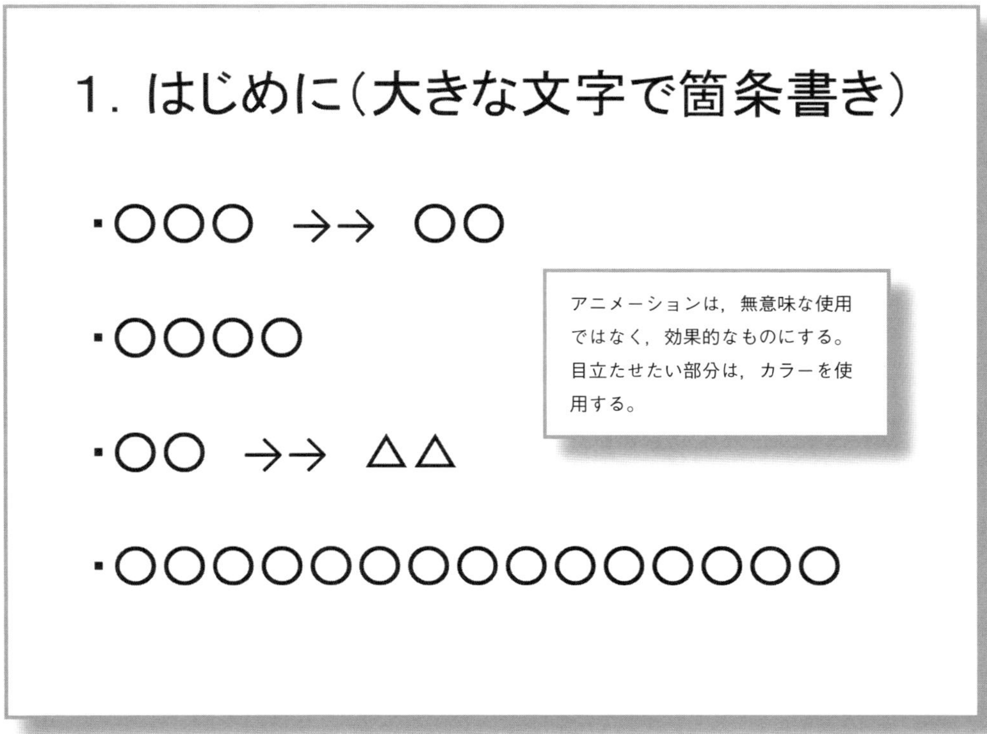

1. はじめに（大きな文字で箇条書き）

- ○○○ →→ ○○
- ○○○○
- ○○ →→ △△
- ○○○○○○○○○○○○○

アニメーションは，無意味な使用ではなく，効果的なものにする。目立たせたい部分は，カラーを使用する。

図 12-4　カラーの使用や効果的なアニメーション表示

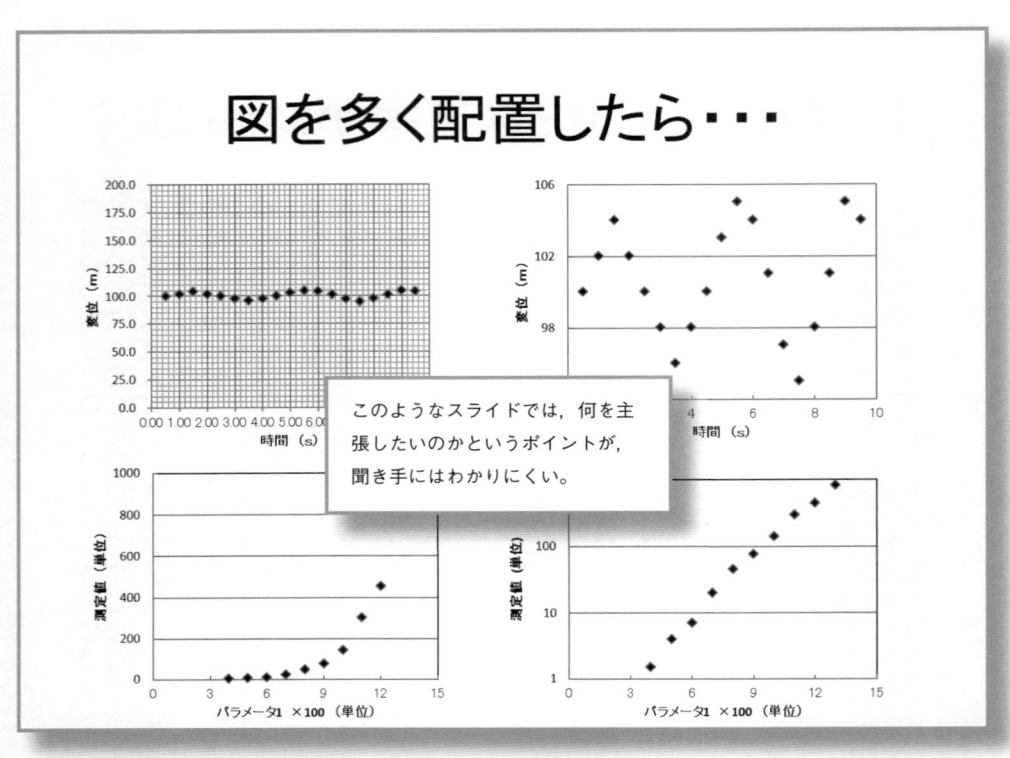

図12-5　一つのスライドには一つだけの重要ポイント

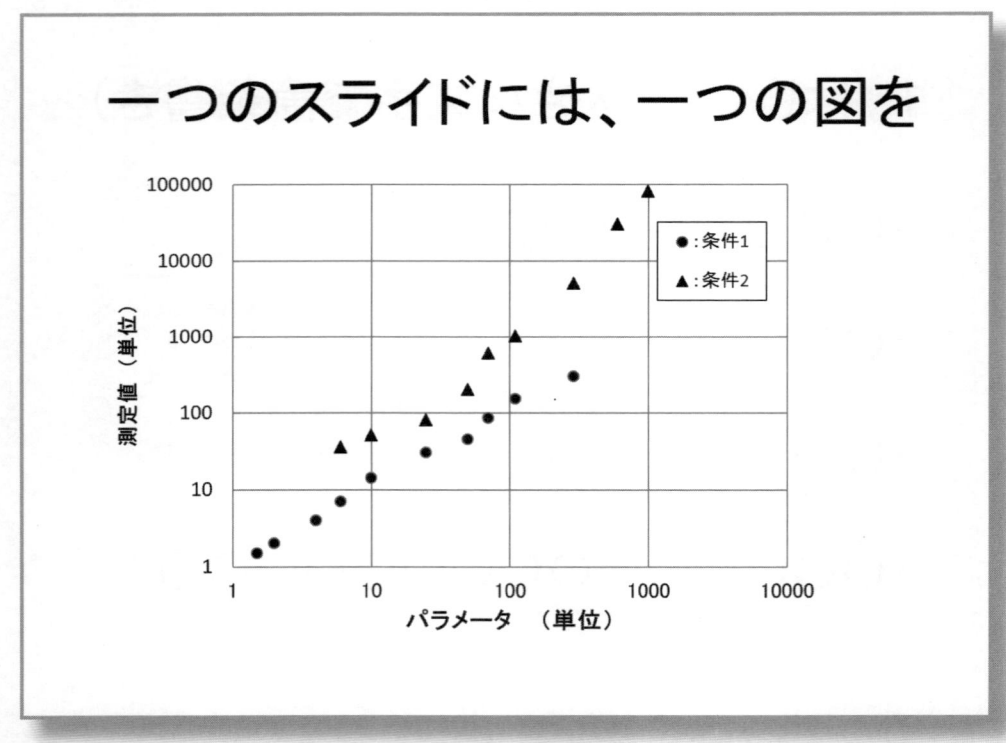

図12-6　大きな図

12 プレゼンテーションの方法：PowerPoint による

図 12-7　見やすい表（単に意味のない数値の羅列はよくない）

図 12-8　配色に注意

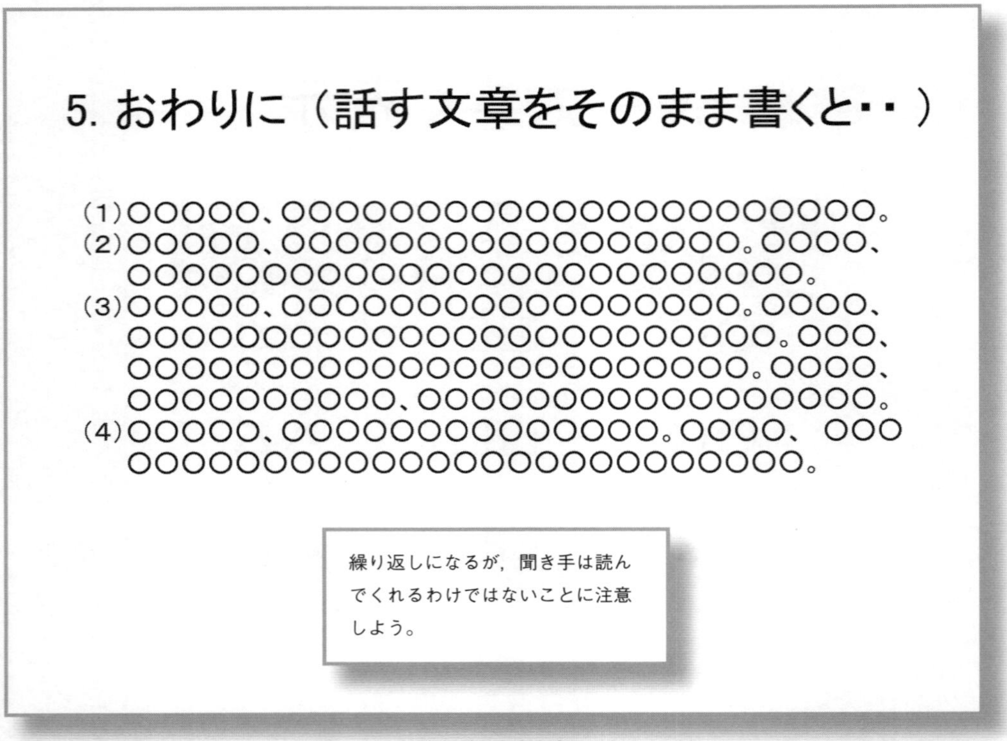

5. おわりに（話す文章をそのまま書くと‥）

(1) ○○○○○、○○○○○○○○○○○○○○○○○○○。
(2) ○○○○○、○○○○○○○○○○○○○○○。○○○○、○○○○○○○○○○○○○○○○○○○○○○○○○。
(3) ○○○○、○○○○○○○○○○○○○○○○。○○○○、○○○○○○○○○○○○○○○○○○○○○○○。○○○○○○○○、○○○○○○○○○○○○○○○○。
(4) ○○○○○、○○○○○○○○○○○○○○○。○○○○、○○○ ○○○○○○○○○○○○○○○○○○○○○○○○。

> 繰り返しになるが，聞き手は読んでくれるわけではないことに注意しよう。

図12-9　結論なども文章を書いてしまいがち

引用・参考文献

第1章

1) 小原芳明［監修］ 玉川大学コア・FYE 教育センター［編］：大学生活—ナビ，玉川大学出版部（2006.4.1）pp.9-29.
2) 綱島　真：明日を作る開発　人づくり，モノづくりの原点に還れ，日本規格協会（1998.4.10）pp.21-70.
3) 綱島　真：人材創出　人もモノも現場でつくられる，日本規格協会（1999.8.25）pp.43-73.
4) 日経キャリア.NET：http://career.nikkei.co.jp/contents/rireki/　（2011年11月30日参照）
5) ジョブダイレクト：http://www.jobdirect.jp/rireki/　（2011年11月30日参照）
6) 就職活動のすすめ：http://www.geocities.jp/shukatunosusume/rireki2.html
（2011年11月30日参照）
7) エントリーシートの書き方：http://jobing.jp/　（2011年11月30日参照）
8) 楽々内定塾WEB：http://www.gagoo.jp/　（2011年11月30日参照）
9) ジョブゲッター.COM：http://www.job-getter.com/3interview/311.htm
（2011年11月30日参照）

第2章

1) 株式会社進研アドBetween編集部：文科省「学士力」　経済産業省「社会人基礎力」に見る学習成果の重視：http://shinken-ad.co.jp/between/trend/pdf/vol01-2.pdf　（2011年11月30日参照）

第3章

1) ビジネスマナー.biz：ビジネスマナー・ガイド—新入社員のための
http:// ビジネスマナー.biz/　（2011年11月30日参照）
2) 櫻井秀勲：大人のマナー—ハンドブック，PHP研究所（1999.9.3）pp.18-105.
3) 大野　晋：日本語練習帳，岩波書店　岩波新書596（1999.1.20）pp.145-210.
4) 敬語の使い方・言葉づかい：http://www.jp-guide.net/businessmanner/business/keigo.html
（2011年11月30日参照）
5) 財団法人インターネット協会：http://www.iajapan.org/rule/rule4general/main.html
（2011年11月30日参照）
6) ネチケットホームページ：http://www.cgh.ed.jp/netiquette/　（2011年11月30日参照）
7) ひとりで歩けるネチケット：http://www.net-manners.com/　（2011年11月30日参照）

第 5 章

1) 木下是雄：レポートの組み立て方，筑摩書房，ちくまライブラリー（1994）p.178.
2) 野口悠紀雄：「超」文章法，中央公論新社，中公新書（2002） p.89.
3) 齋藤　孝：コミュニケーション力，岩波書店，岩波新書（2004） pp.48-50.

第 6 章

1) 齋藤　孝：コミュニケーション力，岩波書店，岩波新書（2004） pp.2-3.

第 7 章

1) 木下是雄：理科系の作文技術，中央公論社，中公新書（1981）p.22.
2) 木下是雄：理科系の作文技術，中央公論社，中公新書（1981）p.22.
3) 野口悠紀雄：「超」文章法，中央公論新社，中公新書（2002）p.22.
4) 金田一秀穂：新しい日本語の予習法，角川書店，角川 ONE テーマ 21（2003） pp.57-58.
5) 金田一秀穂：新しい日本語の予習法，角川書店，角川 ONE テーマ 21（2003） pp.174-176.

第 10 章

1) 木下是雄：レポートの組み立て方，ちくま学芸文庫（1994.2.7）pp.36-45.
2) 木下是雄：理科系の作文技術，中央公論新社，中公新書 624（1981.9.25）pp.101-152.
3) 高木隆司：理科系の論文作法，丸善（2003.8.30）pp.75-134.
4) 三木光範：理系発想の文章術，講談社，現代新書 1616（2002.7.20）pp.117-182.
5) 小笠原喜康：新版　大学生のためのレポート・論文術　誰でも書ける超入門！，講談社，現代新書 2021（2009.11.20）pp.149-194.

第 12 章

1) 久垣啓一：コミュニケーションのための図解の技術，日本実業出版社（1990.5.25）pp.120-135.
2) 井上淳一：企画・提案・報告のためのグラフの技術，日本実業出版社（1990.9.15）pp.12-71.
3) 諏訪邦夫：発表の技法，講談社　ブルーバックス B-1099（1995.12.20）pp.14-44.
4) 石坂春秋：レポート・論文・プレゼンスキルズ，くろしお出版（2003.3.20）pp.127-151.
5) ロバート，R. H. A.（鈴木　炎，イイイン・サンディー・リー［訳］）：理系のための口頭発表術，講談社，ブルーバックス B-1584（2008.1.20）pp.120-167.
6) 黒木登志夫：知的文章とプレゼンテーション，中央公論新社，中公新書 2109（2011.4.25） pp.120-153，pp.201-208.

●日本語文章表現に関する書籍

井上ひさし：日本語観察ノート，中央公論新社（2002）

井上ひさし・文学の蔵［編］：井上ひさしと141人の仲間たちの作文教室，新潮社，新潮文庫（2001）
木下是雄：理科系の作文技術，中央公論社，中公新書（1981）
木下是雄：レポートの組み立て方，筑摩書房，ちくまライブラリー（1994）
久野すすむ：日本文法研究，大修館（1973）
齋藤　孝：実践日本語ドリル，宝島社（2003）
野口悠紀雄：「超」文章法，中央公論新社，中公新書（2002）
本多勝一：わかりやすい日本語の作文技術，オークラ出版（2003）

●その他の関連する書籍・資料
学習技術研究会：知へのステップ，くろしお出版（2002）
関東学院大学工学部：工学部学生ガイドブック2011年版，関東学院大学（2011）
児童言語研究会：たのしい日本語の文法，一光社（1988）
学習技術研究会［編著］：大学生からのスタディ・スキルズ—知へのステップ，くろしお出版（2002.4.1）
学習技術研究会［編著］：大学生からのスタディ・スキルズ—知へのステップ　改訂版，くろしお出版（2006.10.1）
吉原恵子・間渕泰尚・冨江英俊・小針　誠：スタディスキルズ・トレーニング—大学で学ぶための25のスキル，実教出版（2011.6.30）
田中共子［編］：よくわかる学びの技法，ミネルヴァ書房（2003.4.30）
伊藤俊洋［監訳］伊藤佑子・黒澤麻美・吉田朱美［訳］：スタディ・スキルズ—卒研・卒論から博士論文まで　研究生活サバイバルガイド，丸善（2005.12.30）
専修大学出版企画委員会：知のツールボックス—新入生援助集，専修大学出版局（2006.4.15）
藤田哲也：大学基礎講座　改増版，北大路書房（2006.3.10）
佐藤智明，矢島　彰・谷口裕亮・安保克也［編］：大学　学びのことはじめ　初年次セミナーワークブック，ナカニシヤ出版（2008.2.17）
小笠原喜康：大学生のためのレポート・論文術，講談社，現代新書1603（2002.4.20）
板坂　元：考える技術・書く技術，講談社，現代新書327（1973.8.31）
板坂　元：続　考える技術・書く技術，講談社，現代新書485（1977.9.20）
斉藤喜門：大学・短大　課題レポート作成の基本，蒼丘書林（1986.6.30）
保坂弘司：レポート・小論文・卒論の書き方，講談社，学術文庫（1977.10.10）
酒井聡樹：これからレポート・卒論を書く若者のために，共立出版（2007.5.15）
日本実業出版社［編］：レポート報告書の書き方，日本実業出版社（2001.6.10）

索　引

ア 行
あいまいさ　*43*
意見　*14, 98, 100*
一般雑誌　*100*
インターネット　*6, 35*
引用　*58*
ウェブサイト　*14, 100*
EXCEL　*121*
エチケット　*20*
FD（Faculty Development）*14*
エントリーシート　*7*

カ 行
学術雑誌　*100*
学生　*2, 9, 20*
仮説　*55, 101*
課題レポート　*99*
仮の師　*4*
観察レポート　*99*
キーワード　*78*
技術　*43*
技術者　*6*
起承転結　*67, 111*
求人情報　*7*
句読点　*44, 47*
グラフ　*120*
見学レポート　*99*
研究開発者　*7*
研究レポート　*100*
誤字・脱字　*7, 112*
5W1H　*28*
5段階の成績評価　*15*
コミュニケーション　*64*

サ 行
雑誌　*14*
師　*3*

思考力　*10*
仕事　*5, 14*
事実　*98, 100*
自然　*4*
GPA（Grade Point Average）*15*
自分づくり　*2*
自分をつくる人づくり　*4*
社会人　*2*
就職　*7*
　──活動　*7, 12*
授業レポート　*99*
主題（テーマ）　*107*
書　*3*
生涯にわたって学びあえる師　*4*
書誌事項　*104*
資料（関連情報）　*14, 58, 103*
真理　*4*
図（Figure）　*99*
推敲　*112*

タ 行
大学　*2*
大学院　*2*
大学院生　*98*
大学生　*2*
題名（表題）　*55, 73*
他者とのコミュニケーション　*3*
他者を育てる人づくり　*4*
段落　*7, 44, 56, 62*
著作権法　*7*
ディスカッション　*12*
TPO　*20*
手紙　*29*
テクニック　*3, 18*
です・ます調　*45*
電子メール　*29*
盗用　*7, 58, 106*

登録　*13*

ナ 行
ネチケット　*20, 35*
ノート　*14*

ハ 行
パラグラフ　*56*
PC　*6, 14*
PowerPoint　*128*
1コマ　*11*
人づくり　*4*
表（Table）　*99, 117*
表記法　*112*
プレゼンテーション　*6, 12*
文献　*14, 100*
本文　*107*

マ 行
学び　*5*
学びあう姿勢　*12*
メール　*34*
目標規定文　*74*
ものづくり　*4*
モラル　*20*
問題点　*55*

ラ 行
リテラシー　*6*
履歴書　*7*
　──用紙　*8*
ルール　*20*
レポート　*42, 55, 98*
論述文　*42*
論文　*42, 55, 98*

■ 編著者紹介

金田　徹（かなだ・とおる）

1956 年　兵庫県たつの市生まれ，1984 年　東京工業大学大学院博士後期課程修了（工学博士），King's College London 客員研究員（1 年間），関東学院大学教務部長（4 年間）
2013 年現在，関東学院大学工学部機械工学科教授，関東学院大学ハンドボール部部長（2009 年度全日本大学ハンドボール選手権大会出場），横浜国立大学理工学部非常勤講師，公益社団法人　日本設計工学会　副会長，日本リメディアル教育学会　編集委員長，日本規格協会　ISO TC10 国内委員会委員長およびTC213 国内委員会グループA 主査，経済産業省　日本工業標準調査会臨時委員
担当：Chapter 01-Chapter 03, Chapter 10-Chapter 12

長谷川裕一（はせがわ・ひろかず）

1966 年生まれ。専門はアメリカ文学・文化，および英語
日本ヘミングウェイ協会　運営委員，日本アメリカ文学会，日本英文学会所属
関東学院大学工学部　基礎・教養科目教室　准教授
担当：Chapter 04-Chapter 09

関東学院大学工学部　フレッシャーズセミナテキストワーキンググループ

奥　聡一郎，香川詔士，長尾孝一，林　裕，ボンド・リサ・ゲイル，山田泰一，吉原高志

●本書を使用した指導マニュアル（pdf ファイル）ご希望の方はお名前ご所属明記の上

manual@nakanishiya.co.jp

へお問い合わせください。本書に対するご意見・ご感想および今後の改訂に際してのご希望・ご要望もお待ちしております。

理工系学生のための大学入門
アカデミック・リテラシーを学ぼう！

2012 年 3 月 30 日　初版第 1 刷発行　（定価はカヴァーに表示してあります）
2024 年 3 月 30 日　初版第 5 刷発行

　　　編　者　金田　徹
　　　　　　　長谷川裕一
　　　発行者　中西健夫
　　　発行所　株式会社ナカニシヤ出版
　　　〒606-8161　京都市左京区一乗寺木ノ本町 15 番地
　　　　　　　　Telephone　075-723-0111
　　　　　　　　Facsimile　 075-723-0095
　　　　　Website　http://www.nakanishiya.co.jp/
　　　　　E-mail　 iihon-ippai@nakanishiya.co.jp
　　　　　　　　　郵便振替　01030-0-13128

装幀＝白沢　正／印刷・製本＝創栄図書印刷
Copyright © 2012 by T. Kanada & H. Hasegawa
Printed in Japan.
ISBN978-4-7795-0644-4

本書のコピー，スキャン，デジタル化等の無断複製は著作権法上の例外を除き禁じられています。本書を代行業者等の第三者に依頼してスキャンやデジタル化することはたとえ個人や家庭内での利用であっても著作権法上認められていません。

ナカニシヤ出版 ◈ 書籍のご案内

3訂 大学 学びのことはじめ
初年次セミナーワークブック

佐藤智明・矢島 彰・山本明志 編

学生の間に身につけたいキャンパスライフ、スタディスキルズ、キャリアデザインの基礎リテラシーをカバーしたベストセラーテキストをスマートメディアも活用できるようリフレッシュ。全頁提出や再構成できる切り取りミシン目入り。ルビ入り。 1900円+税

大学1年生からのコミュニケーション入門

中野美香 著

充実した議論へと読者を誘う平易なテキストと豊富なグループワーク課題を通じ企業が採用選考時に最も重視している「コミュニケーション能力」を磨く。キャリア教育に最適なコミュニケーションテキストの決定版。 1900円+税

大学生活を楽しむ護心術
初年次教育ガイドブック

宇田 光 著

簡単に騙されない大学生になるために！ クリティカルシンキングをみがきながらアカデミックリテラシーを身につけよう。大学での学び方と護心術としてのクリティカルシンキングを学ぶ、コンパクトな初年次教育ガイド！ 1600円+税

大学生からのプレゼンテーション入門

中野美香 著

現代社会で欠かせないプレゼンテーション——本書では書き込みシートを使って、プレゼン能力とプレゼンをマネジメントする力をみがき段階的にスキルを発展。大学生のみならず高校生・社会人にも絶好の入門書！ 1900円+税

キャリア・プランニング
大学初年次からのキャリアワークブック

石上浩美・中島由佳 編著

学びの心構え、クリティカルなリテラシー、文献資料の使い方などアカデミック・スキルズはもちろんインタビューやプレゼンテ、ピアサポートなどアクティブな学びを重視し、キャリア教育につなげる大学初年次から使えるワークテキスト。 1900円+税

授業に生かすマインドマップ
アクティブラーニングを深めるパワフルツール

関田一彦・山﨑めぐみ・上田誠司 著

アクティブラーニングを支援し、よりよい学びを深めるために、様々な場面で生かせるマインドマップ活用法を分かり易く丁寧に紹介。 2100円+税

大学生と大学院生のためのレポート・論文の書き方［第2版］

吉田健正 著

文章の基本から論文の構成、引用の仕方まで懇切丁寧に指導する大学生・大学院生必携の書。第2版では、インターネット時代の情報検索にも対応。 1500円+税

話し合いトレーニング
伝える力・聴く力・問う力を育てる自律型対話入門

大塚裕子・森本郁代 編著

様々な大学での授業実践から生まれた、コミュニケーション能力を総合的に発揮する話し合いのトレーニングをワークテキスト化！ 1900円+税

大学1年生のための日本語技法

長尾佳代子・村上昌孝 編

引用を使いこなし、論理的に書く。徹底した反復練習で、学生として身につけるべき日本語作文の基礎をみがく。また、敬語表現やメール・手紙の書き方といった日本語の日常表現もきちんと説明。明日から使える実践的初年次科目テキスト。 1700円+税

学生のための学び入門
ヒト・テクストとの対話からはじめよう

牧 恵子 著

「何かな？」という好奇心からスタートしましょう。好奇心に導かれた「対話」から、訪れる気づきを「書く」力をみがきます。 1800円+税

教養としての数学

堤 裕之 編／畔津憲司・岡谷良二 著

高校1年次までに学ぶ数学を大学生の視点で見直すと？ さまざまな計算技法、数学用語、数学記号を丁寧に解説。就職・資格試験の類題を含む豊富で多様な練習問題を通して学ぶ全大学生のための数学教科書。 2000円+税

統計データで読み解く移動する人々と日本社会
ライフサイクルの視点から情報分析を学ぶ

川村千鶴子 編著

グラフと数値を読み解く力を養い、ディスカッションを重ね、日本の多文化社会化をともに生きる人々の人生から理解しよう！ 2200円+税

※表示価格は本体価格です。